# DA LAMA
# AO CAOS

**SERVIÇO SOCIAL DO COMÉRCIO**
Administração Regional no Estado de São Paulo

**Presidente do Conselho Regional**
Abram Szajman
**Diretor Regional**
Luiz Deoclécio Massaro Galina

**Conselho Editorial**
Áurea Leszczynski Vieira Gonçalves
Rosana Paulo da Cunha
Marta Raquel Colabone
Jackson Andrade de Matos

**Edições Sesc São Paulo**
*Gerente* Iã Paulo Ribeiro
*Gerente Adjunto* Francis Manzoni
*Editorial* Jefferson Alves de Lima
Assistente: Rafael Fernandes Cação
*Produção Gráfica* Fabio Pinotti
Assistente: Ricardo Kawazu

# DA LAMA AO CAOS
## Que som é esse que vem de Pernambuco?
### José Teles

Lauro Lisboa Garcia (org.)

© José Teles, 2019
© Edições Sesc São Paulo, 2019
Todos os direitos reservados

1ª reimpressão, 2023

*Preparação*
José Ignacio Mendes

*Revisão*
Richard Sanches, Sílvia Balderama

*Capa e identidade visual*
Érico Peretta

*Projeto gráfico e diagramação*
fkeditorial

---

Dados Internacionais de Catalogação na Publicação (CIP)

---

T2364d    Teles, José
       Da lama ao caos: que som é esse que vem de Pernambuco? / José Teles. – São Paulo: Edições Sesc São Paulo, 2019.
       136 p. – (Discos da Música Brasileira).

       ISBN 978-85-9493-179-5

       1. Música brasileira. 2. Discos da música brasileira. 3. Pernambuco. 4. Chico Science. 5. Nação Zumbi. I. Título. II. Subtítulo. III. Discos da Música Brasileira. IV. França, Francisco de Assis.

                                                   CDD 780.981

---

Ficha catalográfica elaborada por Maria Delcina Feitosa CRB/8-6187

**Edições Sesc São Paulo**
Rua Serra da Bocaina, 570 – 11º andar
03174-000 – São Paulo SP Brasil
Tel. 55 11 2607-9400
edicoes@sescsp.org.br
sescsp.org.br/edicoes
/edicoessescsp

## AGRADECIMENTOS

A todos os que colaboraram, de uma forma ou outra, para este livro. Aos grupos Chico Science & Nação Zumbi, Mundo Livre S/A e todos que fizeram a cena musical pernambucana dos anos 1990. Especialmente a Marcelo Pereira, do *Jornal do Commercio,* que acompanhou a história do manguebeat desde o início, a Paulo André, pelos detalhes sobre o disco, a Liminha, pela entrevista no estúdio Nas Nuvens, a Gorete França (irmã de Chico Science), a Thammy Dantas, a maior fã que conheço de Chico Science e da Nação Zumbi, e a Rafaella Sabino, que organizou e digitalizou meus arquivos implacáveis (implacavelmente desorganizados). A Lauro Lisboa Garcia pelo convite e ao Sesc São Paulo pelo que tem feito pela cultura brasileira.

*Em 2004, a prefeitura do Recife decretou que aquele seria o "ano letivo Chico Science". Fui convidado para escrever uma biografia, que se chamou* O malungo Chico. *Foram distribuídos cerca de 35 mil livros pela rede escolar municipal da capital pernambucana. O livro ajudou a sedimentar a presença de Chico Science entre os adolescentes da periferia da cidade. Conheci várias pessoas que o leram e se tornaram fãs de Science. Espero que este livro sobre* Da lama ao caos *cumpra papel semelhante. Chico Science vive!*

## SUMÁRIO

**APRESENTAÇÃO**
  Danilo Santos de Miranda 8

**PREFÁCIO**
  Lauro Lisboa Garcia 12

_1 QUE SOM É ESSE QUE VEM DO RECIFE? 16

_2 LOUSTAL, LAMENTO NEGRO & O MANGUE 42

_3 O PAÍS DO MANGUEBEAT 72

_4 A CIDADE, A PRAIEIRA, MANGUETOWN, RISOFLORA... 92

_5 FROM MUD TO CHAOS 114

**FICHA TÉCNICA DO DISCO** 130

**SOBRE O AUTOR** 135

# APRESENTAÇÃO

Como expressão artística e forma de conhecimento, a música oferece campo fecundo à observação do homem, seu tempo e imaginário. Vasto território de experiências, que vão dos cantos dos povos nativos às composições sacras e de concerto, à modinha, ao lundu, ao maxixe e ao choro, passando pelo samba, a bossa nova, o baião e o xote até o pop, o rock e a eletrônica, a criação musical se mostra como manifestação cultural das mais férteis, presentes e marcantes da vida no Brasil.

Amparado em histórias, heranças e universos simbólicos de diferentes povos que aqui se encontraram, o gosto pela música se refletiu no interesse com que a vida moderna e urbana do país recebeu invenções como o disco e o rádio. Era a época em que cantores, cantoras e instrumentistas de todos os estilos passavam ao posto de ídolos populares e jovens compositores criavam canções e marchinhas que atravessariam os tempos.

Esse curso da criação musical é o que orienta a presente coleção Discos da Música Brasileira. A série, organizada pelo jornalista e crítico Lauro Lisboa Garcia, apresenta em cada volume a história de um álbum que marcou a produção nacional, seja pela estética, por questões sociais e políticas, pela influência sobre o comportamento do público, seja como representante de novidades no cenário artístico e em seu alcance comercial.

Neste volume, que abre a coleção, o álbum visitado é *Da lama ao caos*, que apresentou o grupo Chico Science & Nação Zumbi ao público. No livro, José Teles, jornalista paraibano que vive no Recife desde os anos 1960, entrevista músicos, produtores, diretores de gravadora, designers, fotógrafos e jornalistas para recontar a história e os bastidores do disco e do, então nascente, manguebeat, movimento conduzido pelo grupo de Chico Science e que colocou a cidade do Recife no centro da cena cultural dos anos de 1990.

Pautando-se por uma linguagem clara e direta, a coleção Discos da Música Brasileira se desenvolve a partir de uma perspectiva que contempla a valorização da memória musical na mesma medida em que observa os ecos e as reverberações daquelas criações na produção atual.

*Danilo Santos de Miranda*
*Diretor do Sesc São Paulo* (1984 a outubro de 2023)
Texto escrito em março de 2019

# PREFÁCIO

Quanto tempo é preciso para uma obra artística ser considerada clássica? Os valores mudam sob a ação das inovações tecnológicas e interesses de mercado, com a evolução da espécie e contemporâneas visões de mundo. "O valor das coisas não está no tempo que elas duram, mas na intensidade com que acontecem", disse o poeta Fernando Pessoa. "O que há algum tempo era novo, jovem, hoje é antigo", escreveu o compositor Belchior. O que era natural e corriqueiro ganha aura de *"vintage"*. Peças antes feitas de metal para durar mais de uma vida hoje são descartáveis, fabricadas com resíduos industriais. Discos de vinil e CDs foram substituídos por arquivos virtuais em MP3, *pen drives* e nuvens.

A canção viaja nesse tempo. Álbuns conceituais ainda são realizados, mas a velocidade do consumo de música hoje fez com que se voltasse ao modelo dos discos de 78 RPM, em que só cabiam *singles*, gravações avulsas. O fetiche pelo objeto ressuscitou os LPs e a fita cassete. O telefone celular hoje faz também o papel do velho radinho de pilha. A desorientação diante do excesso de informação às vezes nos leva ao conforto do que está cristalizado. E é aí que, pelo voo de muitas folhas do calendário, se pode confrontar os poetas e constatar que o que é antigo pode permanecer jovem e a intensidade pode acompanhar a durabilidade das coisas, já que o tempo é a chave mestra.

Aqui temos um clássico moderno que não perdeu o viço da juventude: o álbum *Da lama ao caos*, de Chico Science & Nação Zumbi, estrela guia do manguebeat. Pelo contexto histórico, pelo tempo de maturação, pela gama de influências sonoras e pela consequente revitalização de toda a cultura pernambucana em diversos aspectos, pode-se dizer que o manguebeat foi o último grande movimento da música brasileira popular de alcance nacional e internacional.

A bossa nova e a tropicália ainda se situam como os pilares estéticos mais evidentes da linha evolutiva da moderna música brasileira. Outras cenas importantes e transformadoras, como a jovem guarda, o clube da esquina, a vanguarda paulista, o rock dos anos 1980, a cena que ficou conhecida como axé music (esta sem se configurar como movimento), o hip hop, o funk carioca e, mais recentemente, o som do Pará, fizeram ou seguem fazendo história, mas o manguebeat foi, de fato, o último sinal de inovação em forma de manifesto.

Ao retomar a valorização de ritmos locais numa visão universal, misturados com rock e eletrônica, os mangueboys liderados por Chico Science e Fred Zero Quatro (do Mundo Livre S/A) colocaram Pernambuco de volta no topo dos interesses do público e da mídia, abrindo portas para outras bandas e artistas locais, muitos dos quais sem relação com sua estética ou que resolveram surfar na mesma onda, ainda que caindo da prancha. O legado do manguebeat reverbera até hoje, e *Da lama ao caos*, produzido por Liminha (ex-Mutantes) e lançado em 1994, é fundamental por isso.

Esse foi o título escolhido para abrir a coleção Discos da Música Brasileira (História e Bastidores de Álbuns Antológicos), publicada pelas Edições Sesc. Trata-se de uma série de reportagens em forma de livro sobre álbuns que tiveram grande impacto estético, no mercado fonográfico e no cenário de shows quando foram lançados, romperam fronteiras, abriram caminho para o surgimento de outras experiências e artistas contemporâneos e resistem ao tempo.

Histórias sobre as canções, curiosidades das gravações, entrevistas com os profissionais envolvidos, detalhes inéditos sobre o ambiente no estúdio e diversos elementos que resultaram no conceito de cada álbum serão detalhados nesses livros. As narrativas em forma de documentário jornalístico conectam passado, presente e futuro, ligando importantes influências para refletir sobre a música brasileira atual e o papel desses álbuns nesse abrangente cenário.

José Teles, paraibano radicado no Recife, que assina este volume, é um dos mais conceituados jornalistas de música do Brasil, com atuação em publicações como *Correio de Pernambuco*, *Jornal do Commercio* e *O Pasquim*. É autor de livros sobre o Quinteto Violado, Manezinho Araújo e Chico Science, além do antológico *Do frevo ao manguebeat*, em que traça um importante painel histórico da música popular pernambucana, desde Capiba, Luiz Gonzaga e Alceu Valença, que deságuam no manifesto de Science. É o repórter inserido com mais intensidade na história do movimento desde os primórdios e conta detalhes impressionantes em torno da criação desse álbum pioneiro.

Lauro Lisboa Garcia

# QUE SOM É ESSE QUE VEM DO RECIFE?

"Tem um rapaz aqui querendo divulgar uma festa que vai acontecer em Olinda", avisou a recepcionista para quem atendeu o telefone do caderno de cultura do *Jornal do Commercio*, do Recife. Uma rotina nos jornais são produtores a fim de descolar um espaço para divulgar algum evento. O repórter pediu que o rapaz subisse e anotou os detalhes de uma festa intitulada Black Planet, que aconteceria em 1º de junho de 1991 no Espaço Oásis, em Casa Caiada, bairro olindense.

Animariam a festa dois DJs, uma banda e um grupo de percussionistas do bairro de Peixinhos. Os DJs eram Mabuse e Renato L, a banda chamava-se Loustal e o grupo tinha o nome de Lamento Negro. De todos, apenas o último era relativamente conhecido, do carnaval de Olinda, onde animava a folia tocando reggae, ou samba-reggae.

O rapaz, moreno claro, franzino, vestia uma camisa estampada, falava meio empostado, procurava ganhar o jornalista com simpatia, mas passou uma sensação de arrogância e pretensão ao enfatizar que ele e sua turma "lucubravam" novas sonoridades. Não era apenas para divulgar a festa que ele tinha ido à redação do velho *JC*, que funcionava numa sólida edificação *art déco*, cinza, na rua do Imperador, no Centro do Recife. O que queria na verdade era usar o jornal para propagar a música que ele e os companheiros tinham criado:

> O ritmo chama-se mangue. É uma mistura de samba-reggae, rap, raggamuffin e embolada. O nome é dado em homenagem ao Daruê Malungo, um núcleo de apoio à criança e à comunidade carente de Chão de Estrelas[1]. É nossa responsabilidade resgatar os ritmos da região e incrementá-los junto com a visão mundial que se tem... Eu fui além.

O repórter não tinha a menor ideia de como seria a música a que se referia o rapaz, pretensioso. Pediu que fossem tiradas fotos do músico e voltou à redação para escrever uma pequena matéria, quase uma nota, sobre a festa Black Planet[2] e sobre o tal ritmo mangue, seja lá o que fosse aquilo.

O nome do rapaz era Francisco de Assis França, que já fora conhecido pelos amigos como Chico Vulgo e começava a ser chamado de Chico Science. Pela primeira vez ele teve sua foto estampada na página de um jornal da grande imprensa da capital pernambucana. Quando conseguiu emplacar

---

[1] Comunidade recifense, na Campina do Barreto, que se confunde com Peixinhos, na periferia de Olinda, bairro referência para o movimento mangue.

[2] A página na internet da Assembleia Legislativa do Estado de Pernambuco (Alepe) reúne alguns materiais da história do manguebeat, entre os quais o *flyer* da festa Black Planet: <http://bit.ly/dalamaaocaos-flyer>. Acesso em: 12 mar. 2019. [N.E.]

a matéria no *JC*, Science já havia composto parte das canções que formariam o repertório do seminal *Da lama ao caos*, álbum de estreia do grupo Chico Science & Nação Zumbi, lançado pelo selo Chaos, da Sony Music, em 15 de abril de 1994, com um show no Circo Voador, no Rio de Janeiro.

Produzido por Liminha, o álbum é, reconhecidamente, um dos mais importantes da história da música popular brasileira, estopim para a reviravolta da MPB no limiar do terceiro milênio. O manguebeat (ou manguebit) eclodiu quando se acreditava que o tropicalismo passaria à história como derradeiro movimento relevante da cultura brasileira do século XX (alguns especialistas acrescentariam a vanguarda paulista, do final dos anos 1970).

Se o manguebeat tivesse surgido na segunda metade da década de 1990, provavelmente não teria passado dos limites das cidades vizinhas Recife e Olinda. As gravadoras não investiriam numa música que trafegava na contramão das facilidades comerciais da axé music, do pagode ou do sertanejo, que dominavam o mercado. Sem esquecer que a pirataria por essa época começava a roer as estruturas das multinacionais. CSNZ surgiu com um *timing* perfeito, exatamente quando se batiam todos os recordes de vendas de discos no país, graças à estabilidade econômica sedimentada pelo Plano Real, implantado no governo do então presidente Itamar Franco.

Chico Science & Nação Zumbi foi a banda certa num momento propício. O rock nacional, que depois de dez anos de sucesso dava sinais de exaustão, passara a dividir o mercado com a axé music e o sertanejo pop. Os grandes mercados do disco, EUA, Europa, Japão, abriam-se cada vez mais para a música periférica, abrigada na expressão *world music*. Alguns grupos, a exemplo dos Paralamas do

Sucesso, já experimentavam com música africana, caribenha... Mas, no geral, o BRock (o rock nacional dos anos 1980), como grande parte da MPB, girava em torno de si mesmo, com laivos esparsos de criatividade (o que lembrava o cenário musical do país em 1966, coincidentemente o ano de nascimento de Chico Science).

Naquele ano de 1966, haviam começado os debates sobre o beco sem saída em que a música popular brasileira se metera, se deveria tocar em frente o legado da bossa nova, se deveria tornar-se portadora de mensagens políticas. Discussões que levariam um grupo liderado por Caetano Veloso e Gilberto Gil a romper com parâmetros estabelecidos, insurreição que desaguaria no tropicalismo.

Autores e intérpretes da MPB passaram a discutir uma maneira de levar adiante a revolução deflagrada por João Gilberto e a bossa nova no final dos anos 1950. A música popular brasileira involuía, abandonando os acordes dissonantes, as harmonias complexas, os temas leves e ensolarados. Tornara-se quase monotemática, trincheira de resistência à ditadura militar que se apossara do poder em 1964. As letras das canções, geralmente montadas sobre toadas e baiões, pregavam um porvir em que, para todos, equanimemente, haveria terra, trabalho, pão e, obviamente, liberdade.

Parte dos que faziam MPB considerava estar no caminho certo, que deveria continuar usando a música como agente modificador, já que a censura federal ainda era relativamente amena. O inimigo não era apenas o regime, mas a invasão dos ritmos alienígenas, o rock norte-americano, sobretudo, e o iê-iê-iê, o agente alienador infiltrado no país. Categorizavam de inocentemente útil a juventude que não atentava estar sendo usada pelo imperialismo, enquanto cantava e dançava (nas festinhas de garagem) aquela canção do Roberto.

Durante esse impasse, Gilberto Gil fez uma temporada no Teatro Popular do Nordeste (TPN), no Recife, e descobriu o estopim da bomba, ou melhor, a luz no fim do túnel para o *cul-de-sac* em que se metera nossa música popular. Gil estava lançando seu primeiro LP, *Louvação*, pela Philips, tinha composições tocadas no rádio, na voz de Elis Regina, apresentava-se em programas de TV de São Paulo, mas estava longe de ser uma estrela da MPB. Nas três semanas passadas no Recife, circulou bastante, acompanhado do produtor Roberto Santana e do empresário Guilherme Araújo. O prolixo e comunicativo baiano fez muitas amizades. Os novos amigos levaram-no para conhecer a fértil cultura musical do povo pernambucano. Em Carpina, na Zona da Mata Sul, apresentaram-no ao maracatu rural e seus vistosos caboclos de lança, que Chico Science, trinta anos mais tarde, difundiria mundo afora. Em Caruaru, emocionou-se com a Banda de Pífanos dos irmãos Biano. Na ilha de Itamaracá, encantou-se com a ciranda de Lia, que também trinta anos depois seria uma das musas do manguebeat. Aquela riqueza rítmica, ainda basicamente restrita a Pernambuco, foi a peça que faltava para completar o quebra cabeça de ideias que ele desejava pôr em prática.

Em entrevista à repórter Penha Maria, publicada no *Jornal do Commercio*, em 10 de maio de 1967, Gilberto Gil praticamente antecipou o que levaria para o próximo Festival da MPB da TV Record, quando foram plantadas as raízes do tropicalismo:

> Não esqueçamos que o som das guitarras está pelas ruas, os cabeludos históricos andam pelas ruas e o condicionamento, seja psicológico, seja social, é uma expectativa nova que coloca os autores num impasse. Diante desse condicionamento social do público, os autores serão

> obrigados, forçosamente, pela expectativa, a orientarem sua atividade artística levando em conta o significado do iê-iê-iê. Tendo que deixar de lado a bandeira da purificação, porque a boa influência, ela é válida. Daí já orientar-me dentro dessa nova linha, sem colocar de lado as raízes fundamentais da nossa cultura, mas considerando o fator iê-iê-iê.

Ele colocaria a teoria na prática, poucos meses mais tarde, no palco do Teatro Paramount, defendendo um baião, "Domingo no Parque", com um conjunto de rock, Os Mutantes. O resto é história bem conhecida.

## ESTAGNAÇÃO

Chico Science e seus amigos malungos não estavam preocupados com o mormaço reinante na MPB ou no BRock. Procuravam uma saída para a falta de perspectiva de quem se atrevesse a viver de arte no Recife. De uma forma ou de outra, os futuros mangueboys já faziam música desde meados dos anos 1980, patinando no *underground*, antenando-se para o que acontecia fora do país pelas publicações especializadas vendidas em algumas poucas bancas de revistas e na Livro 7, na rua Sete de Setembro, no centro da cidade, então tida como a maior livraria brasileira, ao menos em tamanho. A duras penas, conseguiam discos de rap, funk, rock e música eletrônica e livros importados.

A maioria daquele grupo era formada por jovens que nasceram e cresceram durante o cerceio à informação sob a ditadura militar. Tinham, pois, fome de conhecimento. O mundo desenvolvia novas ferramentas, a grande rede mundial de computadores espalhava-se a passos largos pelos continentes, aproximava as pessoas e as culturas, contribuía para incrementar o intercâmbio cultural. Aqueles garotos e garotas se propunham a mudar o clima do depauperado Recife, cujo apogeu como terceira capital do país acontecera em meados dos anos 1960, e que um órgão das Nações Unidas, em estudo de 1991, classificara como a quarta pior cidade do mundo em qualidade de vida.

Sua outrora vigorosa indústria cultural, de rádio e TV, perdera a força nos primeiros anos da década de 1970, dominada pelas redes nacionais das emissoras do Sudeste. Os artistas emigravam. Os espaços tornavam-se cada vez mais reduzidos. Os futuros mangueboys e manguegirls compartilhavam com sua geração a inquietude natural a todo período de transição. Na música, o punk rock empregou uma espécie de estética da fome, parafraseando o cineasta Glauber Rocha, de uma câmera na mão e uma ideia na cabeça. Com o punk, era uma guitarra na mão e mil ideias na cabeça. Veio então o pós-punk, e o rock trincou e quebrou em mil estilhaços, permitindo o surgimento de estilos como o grunge de Seattle, no final da década de 1980, e bandas como o Nirvana, que uniu zoeira sonora com sensibilidade pop, fazendo amigos e influenciando pessoas.

No Brasil, o BRock dava sinais claros de exaustão. Surgiam, aqui e acolá, oásis de novidades, como o selo Tinitus, do produtor Pena Schmidt, com uma música nova, atualizada com o que se fazia lá fora, de grupos feito Yo-Ho-Delic e Virna Lisi. Livros e discos de editoras e gravadoras *indies* gringas tornavam-se mais acessíveis.

No início da década de 1990, um grupo de jovens, saídos de estratos sociais diferentes, reuniu-se para tomar uma providência, a fim de aplicar um catecismo nas artérias entupidas do Recife, que os punks e *headbangers* locais chamavam de "Recifezes", ou o "Esgoto", como a capital pernambucana era tratada na cena punk/metal, de onde saiu o primeiro alerta para o infarto iminente. Vários músicos que integrariam as hostes do manguebeat começaram na metalaria pesada, a exemplo de Eder "O" Rocha, do Mestre Ambrósio, que tocara no Arame Farpado, grupo de thrash metal.

O objetivo era retomar não a linha evolutiva da música pernambucana ou brasileira (citando a célebre expressão usada por Caetano Veloso num artigo para a *Revista Civilização Brasileira*, em 1965). Pretendiam fazer do Recife uma cidade culturalmente efervescente, como tinha sido nos anos 1960, com uma forte cena de bossa nova e depois MPB até 1967 e, a partir de 1968, um conturbado tropicalismo local, enfrentando as forças conservadoras, com o teatrólogo Ariano Suassuna à frente. Em seguida aos tropicalistas, surgiu na cidade uma rica cena udigrúdi, que será abordada adiante e só seria revelada ao restante do país no meu livro *Do frevo ao manguebeat*, publicado pela Editora 34 em 2000 como parte de uma série de obras sobre música brasileira coordenada pelo jornalista Tárik de Souza. Os movimentos culturais recifenses comungavam de uma característica: não tinham ligação direta com os precedentes, foram ilhas culturais isoladas, que não se interligavam nem se influenciavam pelos espasmos de criatividade anteriores.

Não se imaginava que aquela turma, que se autodenominava "caranguejos com cérebro", que se apresentava para plateias reduzidas e trocava ideias em barzinhos descolados, fosse extrapolar limites, divisas, fronteiras, que revigorasse a cultura pernambucana, influenciasse a música brasileira e tivesse repercussão internacional.

Em 1992, quando os mangueboys já estavam bem encaminhados em seu objetivo, ou seja, cuidar do Recife antes que ocorresse o infarto, Alceu Valença, único artista de MPB nacionalmente popular saído do estado em muitos anos, também alertava para a estagnação cultural que o manguebeat combatia:

> Pernambuco está velho e eu sou louco para que apareça o novo, mas não está aparecendo. O que acontece em Pernambuco é que nós somos extremamente conservadores. A gente quer o forró, mas quer que o forró seja exatamente do mesmo jeito. Nós amamos Luiz Gonzaga e nós não temos uma noção de que Luiz Gonzaga morreu. O problema é que Pernambuco não quer a nova ordem e está morrendo de mofo. Pernambuco é o estado careta que não quer ser contemporâneo. (Entrevista ao suplemento cultural do *Diário Oficial* em março de 1992)

A contemporaneidade começava a botar as patolas de fora, surgida de onde menos se esperava. Até então, os movimentos musicais no Recife saíam da classe média ou das elites da cidade. Da periferia, a exceção, que não chegou a ser movimento, foi o frevo, surgido do "poviléu" (como se dizia no início do século XX), mas que nos anos 1960 já estava aburguesado. O movimento que surgiu para "contemporaneizar" a música pernambucana veio metaforizado de mangue, os homens-caranguejos, que juntaram o arsenal de ideias na rua da Aurora, no centro da capital pernambucana, em edifícios localizados num trecho que pode ser visto como um emblema da estagnação da cidade. Ali, nos anos 1970, estabeleceu-se parte da elite recifense, supondo que aqueles prédios modernos atrairiam imobiliárias que construiriam mais edificações nas proximidades daquela rua, e seriam o início de uma Manhattan nordestina. Rua cantada por Alceu Valença, em "Pelas ruas que andei" (1982): "Na Madalena revi teu nome / Na Boa Vista quis te encontrar / Rua do Sol, da Boa Hora / Rua da Aurora, vou caminhar". E eles se encontraram na Aurora:

> Éramos um grupo de amigos, jornalistas, músicos, *designers* que se reunia no Cantinho das Graças. Nem era movimento, mas uma cooperativa informal, na noite em que Chico começou a falar de Josué de Castro, que nenhum de nós havia lido ainda. Tinha também o homem-gabiru, que naquele tempo era um negócio muito comentado [refere-se a um projeto, na época muito badalado, da jornalista Tarciana Portella e do fotógrafo Daniel Aamot], e ele então começou a falar no homem-caranguejo, e daí acrescentei, com cérebro. Na coletânea que a gente fez para o disco que não chegou a sair, eu gravei a música "Caranguejo com cérebro".

Quem está relembrando acima os primórdios do manguebeat é Vinícius Enter, "o quinto beatle", o "Pete Best" do mangue, que dividiu apartamento com Chico Science na rua da Aurora, onde morou (e ainda mora) muita cabeça pensante da capital pernambucana. Vinícius Enter (o "enter" da tecla do computador) afastou-se dos mangueboys em 1993, mas, garante, muitas de suas ideias ficaram com eles.

Confesso que eu não o conhecia até que ele surgiu, de repente, para divulgar um disco que estava lançando, um elo perdido do manguebeat (bit). O álbum intitula-se *Dedo indicador*, foi lançado apenas virtualmente e entre suas faixas está a citada "Caranguejo com cérebro" (o disco completo está disponível no Soundcloud: <https://soundcloud.com/vinicius-enter>). O testemunho de Vinícius leva a uma aproximação do manguebeat com a bossa nova. Ambos são basicamente músicas de apartamento. Das noitadas de muito papo, birita, fumaça e música nos apartamentos da rua da Aurora. Hélder Aragão, o DJ Dolores, dizia-se a Nara Leão do mangue, porque boa parte dessas noitadas aconteceu no seu apartamento na Aurora[3].

## LAMA

A região metropolitana do Recife foi construída em cima de mangues. A cidade é cortada por rios, dos quais os principais são o Capibaribe e o Beberibe (além do Tijipió, Pina, Jiquiá e Jordão). O mangue faz parte da paisagem, crustáceos fornecem a proteína principal do cardápio dos habitantes das regiões ribeirinhas, que moram nos mocambos montados sobre palafitas. Tantos mocambos que, no final dos anos 1930, o interventor estadual criou a Liga Social contra o Mocambo (depois Serviço Social contra o Mocambo).

> Os alagados do Recife, em sua maioria, são habitados por famílias de nível social e econômico bastante precário. As razões disso devem ser procuradas na formação geográfica e fisiográfica da planície recifense e na história sociocultural do proletariado que aí se criou... A alimentação, se bem que deficiente, é obtida no próprio mangue pela pesca do crustáceo e pequenos pescados nos braços de marés e rios.[4]

Os mocambos, casas de madeira ou de pau a pique, geralmente palafitas, proliferavam pela periferia da capital pernambucana. De Mocambo foi batizado

---

3 Entrevista para o trabalho acadêmico transformado no livro *Música e simbolização: manguebeat: contracultura em versão cabocla*, de Rejane Sá Markman, Annablume, São Paulo, 2007.

4 Do livro *Alagados, mocambos e mocambeiros*, de Daniel Uchoa Cavalcanti Bezerra, Imprensa Universitária/Instituto Joaquim Nabuco de Pesquisas Sociais, Recife, 1965.

o principal selo da gravadora Rozenblit, a mais importante empresa discográfica fora do eixo Rio-São Paulo, criada em 1954 e fechada trinta anos mais tarde. Caranguejos e siris, portanto, fazem parte do cotidiano dos recifenses. Estão em nomes de blocos e troças carnavalescas, na música e em expressões populares, feito "ô maré" (com significado de "que coisa boa"), empregadas nos anos 1960. Siri na Lata foi um dos mais famosos blocos carnavalescos, criado em 1976 em resistência ao regime militar, que queria as agremiações carnavalescas domadas por passarelas e desfiles organizados (integrantes do Siri na Lata formaram o bloco O Pacotão de Brasília). De um racha no Siri na Lata surgiria o Caranguejo no Caçuá, outro bloco, e Guaiamum Treloso virou festival de rock *indie*.

Vendedores de caranguejos, com cordas de gordos guaiamuns dependuradas numa vara, sustentada por ombros e braços calejados, eram vistos pelas ruas do Recife e cidades limítrofes (o Grande Recife é uma conurbação que reúne 15 municípios). O aterramento de boa parte dos manguezais, em áreas valorizadas, para construção de edifícios habitacionais e comerciais (um dos maiores *shopping centers* do Recife foi construído em área de mangue), e a consequente redução da fauna obviamente diminuíram esse tipo de comércio ambulante.

Até 1966, ano em que Francisco de Assis França nasceu, o que seria o bairro de Rio Doce, o mais populoso de Olinda, ainda era um sítio chamado Melões de Baixo, pertencente ao político e empresário Edgar Lins Carvalho. Em 1967 ele vendeu a propriedade para a Companhia de Habitação Popular do Estado de Pernambuco (Cohab-PE), que ali construiu conjuntos habitacionais, cinco etapas deles. Prédios de arquitetura padronizada, tipo caixão, de três andares, sem elevador. Para erguer boa parte deles, foi preciso avançar sobre o mangue que faz limite com o bairro. Aliás, a Região Metropolitana do Recife foi erguida quase toda sobre manguezais aterrados.

Uma antiga moradora do bairro, dona Marlene Santos, 68 anos, em matéria publicada pelo *Diário de Pernambuco*, conta de um Rio Doce farto em caranguejos:

> Eles andavam pela frente das casas. Meu marido pegava muito, e a gente sempre comia com pirão. Uns dez anos depois aterraram tudo e o manguezal morreu. Na época em que vim morar aqui, 1968, um pequeno rio passava pelo local e acabou dando nome ao bairro.

Francisco de Assis França, que anos mais tarde seria conhecido como Chico Science, nasceu em Santo Amaro, um ano antes de ser iniciada a construção do primeiro conjunto habitacional em Rio Doce. Sua família moraria na quinta etapa do conjunto, numa rua que terminava num manguezal.

Portanto, não foi por acaso que, quando decidiu batizar a música que estava formatando, Chico buscou um símbolo com que se identificasse, e o qual se identificasse com a cidade (entenda-se a área metropolitana da capital pernambucana), e deu-lhe o nome de mangue. Chico Science, inclusive, pretendia gravar, ou incluir no repertório do grupo, a clássica e emblemática "Vendedor de caranguejo", de Gordurinha, lançada pelo grupo vocal Os Cancioneiros em 1957, sucesso nacional com Ary Lobo em 1958. Num dos seus cadernos ele escreveu a letra da música: "Caranguejo uçá / olha o gordo guaiamum / quem quiser comprar, eu vendo / cada corda com dez, eu dou mais um". A música foi cantada no show do Central Park, em 1995.

Enquanto Gilberto Gil precisou vir a Pernambuco para conhecer cavalo-marinho, maracatu, banda de pífanos, Chico Science convivia com brincantes da cultura popular desde criança, porque a família sempre morou em bairros da periferia, onde essas manifestações eram, e ainda são, comuns, a maioria delas restrita aos subúrbios. É o que acontece, por exemplo, com o Acorda Povo, espécie de arrastão junino que sai pelas ruas na madrugada, ou o Pastoril Profano, comandado pelo "véio" e suas pastoras, vocalistas e dançarinas, não raro prostitutas, muitas vezes menores de idade. A influência dos "véios" (ou bedegueba) do pastoril é subestimada, mas bastante forte na cultura pernambucana. Chacrinha, personagem do pernambucano Abelardo Barbosa (de Surubim, no agreste do estado), era claramente inspirado no "véio", Alceu Valença incorpora um "véio" em seus shows, e Chico Science atualizou a figura do "véio", com traços de outras brincadeiras populares.

Os tênis baratos, comprados em camelô, que Chico usava no início do manguebeat são iguais aos usados pelos lanceiros do maracatu rural. O gestual tinha muito a ver com o pastoril. A abertura de "A cidade", a música de trabalho do disco *Da lama ao caos*, foi pinçada de um álbum do Pastoril do Velho Faceta, que gravou uma trinca de LPs pela Clark/Bandeirantes Discos de 1978 a 1980, foi relativamente bem-sucedido no Sudeste e em outras regiões do país, e era muito popular em Pernambuco.

Chico Science conhecia esse e outros pastoris profanos, manifestações hoje praticamente extintas, inviáveis em tempos do politicamente correto, que já não permite a malícia, os trocadilhos e o duplo sentido, na maioria das vezes bem explícito, do espetáculo. Ressalte-se que há dois tipos de pastoril: o já citado profano e o pastoril natalino, formado por crianças e adolescentes, que se dividem entre o cordão azul e o encarnado, com pastoras, mestra, contramestra e a Diana, mediadora que não integra nenhum dos cordões. Um espetáculo inocente e gracioso.

Muito antes de pensar sua música a partir dos manguezais, Chico Science flertou com o pop. Participou de uma banda espelhada nos grupos do BRock, Paralamas, Barão Vermelho e Ira!, principalmente este último. Ele até escreveu uma carta para Nasi. O vocalista do Ira! escreveu de volta ao fã. Entusiasmado, Chico viajou nas férias para São Paulo, a fim de conhecer pessoalmente os ídolos. Algum tempo depois o Ira! veio tocar no Recife, e Chico foi até o camarim da banda insistir para que o grupo fosse ver o show do Orla Orbe, no Espaço Oásis, em Olinda.

> Chico foi a esse show, creio que foi no Centro de Convenções, e nós, do Orla, ficamos num bar chamado Oásis, tocando, fazendo hora até ele chegar. Não botamos fé que o Ira! viesse a um show de um grupo desconhecido, num barzinho pouco badalado. Mas vieram. Chegaram em dois carros, Scandurra com umas meninas, Nasi e André, o batera. Enfim, Scandurra pegou minha guitarra, tocou "Feliz aniversário" [*i.e.* "Envelheço na cidade"]. A propósito, era meu aniversário. Fiquei supercontente pela honra. Lembro que ele empunhou a guitarra e disse "poxa, bonita e bem cuidada", colocou ao contrário, já que é canhoto, e mandou brasa. Nasi ficou comigo, Lúcio Maia e Vinícius numa roda de conversa informal. Lembro que falava de Lênin, do socialismo, da ex-URSS, muito louco. Nós, abasbacados, não sabíamos se conversávamos ou se idolatrávamos os caras, já que nós éramos cinco garotos, numa época em que se tinha a maior dificuldade até pra comprar vinil desses caras, e imagine ali ao vivo e mais ainda num evento num barzinho, sem divulgação. Foi Chico quem articulou tudo. Fizemos fotos, na época não havia celular, nem

redes sociais, o registro ficou com Lúcio, deve estar no arquivo pessoal dele.

Quem conta da noite com o Ira! é Fernando Augusto (ou Fernando Augustus, como adotou), guitarrista do Orla Orbe. Pela época em que ocorreu esse encontro, quando acontecia o fim do bloco soviético, com a queda do Muro de Berlim, em 1989, dá para entender o motivo da conversa ter girado em torno de socialismo, União Soviética e Lênin.

Os integrantes do grupo se conheceram no Colégio Bairro Novo, escola pública olindense. Todos moravam em Olinda, a maioria no Rio Doce, um bairro mais povão (o guitarrista Lúcio Maia era de Casa Caiada, também em Olinda, porém basicamente classe média). Chico Science começou a compor nessa época com Fernando Augustus, com quem criou o Orla Orbe. Uma de suas primeiras composições, até hoje inédita, intitula-se "Continuação", música de Fernando, letra de Science, dedicada a Ana Brandão, ou Aninha, colega de escola e namorada, que seria mãe de Louise Taynã, ou Lula, filha única de Chiquinho, como ele era tratado em casa. Fernando Augustus, que acalenta o desejo de gravar um disco com essas canções, complementa:

> A gente gravou meia dúzia de músicas nossas num estúdio. Tenho até hoje em cassete. Nunca passei para CD, tudo continua inédito. Chico não cantou nenhuma com a Nação Zumbi, a não ser "A cidade", que ainda era só um comecinho.

Ao mesmo tempo que tocava pop, Chico Science começava a experimentar com o hip hop e funk dos anos 1970, a dar escapadelas para bailes com trilha de black music que aconteciam pela periferia, além de participar, com a Legião Hip Hop, de disputas de *break dance*, muitas delas no parque 13 de Maio, região central do Recife. Parte do repertório do que seria *Da lama ao caos* começou a ser construída muito antes de o manguebeat ser deflagrado.

A torrente de informações que chegava a Chico Science e aos músicos de sua geração no Recife era caudalosa, avidamente consumida, digerida, e reprocessada, sem que tivessem lido o "Manifesto antropofágico" de Oswald de Andrade. Assim como agiam conscientemente os tropicalistas duas décadas antes, os mangueboys queriam estar *pari passu* com o que se fazia lá fora, num momento em que a música pop sofria mudanças profundas, com as recentes possibilidades de estúdio, dos *samples*, da integração com os computadores, do *crossover* de gêneros, ritmos, idiomas. Seria o fim das certezas, do "pão, pão, queijo, queijo". *Tutti frutti na vera*, todas as frutas mesmo, qualquer som valia a pena.

Naquele fim de década, o mundo não estava ainda tão conectado pela internet, mas as novidades não demoravam tanto para chegar ao Brasil, sobretudo porque houve uma nova abertura dos portos com a volta da democracia ao país. Até um pouco antes, desde o fim da censura em 1979, as mudanças procediam a passos largos. Os computadores domésticos começavam a se tornar acessíveis. Quem tinha grana comprava um 286, de memória lerda, e quantidade limitadíssima de armazenamento no HD. Um PC com HD de 80 MB era o padrão em 1988, quando Chico Science integrava o Orla Orbe. Já não se chamava mais computador de cérebro eletrônico, as facilidades e possibilidades oferecidas pelos computadores fascinavam os jovens.

Os que arquitetavam o manguebeat imergiram nessa nova cultura cibernética, feito o que aconteceu com Herr Doktor Mabuse, ou somente H.D.

Mabuse, pseudônimo adotado por José Carlos Arcoverde quando começou a escrever, ainda adolescente, para jornais alternativos do Recife. O nome veio do filme *Dr. Mabuse*, do alemão Fritz Lang. Mabuse, que se interessou cedo pelos computadores, hoje é um dos nomes de destaque no *design*, trabalha no Cesar (Centro de Estudos de Sistemas Avançados do Recife), e seria peça-chave no manguebeat. O jornalista e escritor Paulo Santos (autor do premiado romance *A noiva da revolução*, sobre a insurreição republicana pernambucana de 1817), ex-cunhado de Mabuse, sugeriu um nome para o manguebeat, *Afrociberdelia*, título do segundo álbum de CSNZ.

Chico Science primeiro tomou conhecimento dos futuros mangueboys escutando a Rádio Universitária AM (vinculada à UFPE), onde Mabuse participava do programa *Décadas* (de "Decades", do Joy Division), de que também fazia parte Fred Montenegro, depois Fred Zero Quatro, do Mundo Livre S/A, mais duas colegas da UFPE, Luciana Araújo e Anelene. Por sinal, eles conseguiram o espaço na emissora por serem quase todos alunos do curso de jornalismo da universidade. Ressalte-se que a Rádio Universitária AM recebia pouca atenção da universidade a que estava ligada, que priorizava a mais rentável Rádio Universitária FM. Mas em 1985, quando o programa foi ao ar, trazia uma programação que atraiu muita gente que não tinha onde escutar The Smiths, The Cure ou David Bowie nas rádios do Recife.

Chico era ouvinte de *Décadas*, mas conheceu a turma que fazia o programa quando eles descolaram um espaço na Transamérica FM, o *New Rock*. Ele foi ao estúdio da emissora com discos de funk, Afrika Bambaataa, Grandmaster Flash e afins. Logo se tornaram amigos, e a turma aumentava a cada dia. Dela já fazia parte o hoje jornalista e escritor

Xico Sá, também estudante da UFPE, que trabalhava na citada Livro 7.

Chico Science, que não tinha condições de comprar um computador, conseguiu um emprego na companhia de informática da prefeitura do Recife, a Emprel, graças aos conhecimentos do pai, seu Francisco, que além de vereador em Olinda era também líder comunitário. Chico foi trabalhar no almoxarifado da Emprel e lá conheceu um cara que foi fundamental na história do manguebeat, Gilmar "Bola Oito" Correia. Sem ele, Chico Science certamente daria, de alguma maneira, vazão à sua verve musical. Porém dificilmente com a Nação Zumbi, pelo menos como a conhecemos.

Bola Oito, também chamado de Chibata no seu bairro, estava tocando no Lamento Negro, formado em Peixinhos, na periferia de Olinda, por jovens fissurados nos grupos afro da Bahia, naquela época a novidade da música brasileira, que criava uma música com raízes nas matrizes africanas, e não nos ritmos pop comerciais da black music norte-americana, feito o movimento Black Rio, nos anos 1970. Cultuavam sobretudo o Olodum, que se tornara a sensação da música brasileira e ganhara notoriedade no exterior com a abertura proporcionada pela *world music*, que o levou a ser convidado por Paul Simon para participar do álbum *The Rhythm of the Saints* (1990).

Os componentes do Lamento Negro vinham de famílias pobres, com dificuldades até para comprar as alfaias, e não dispunham nem de lugar para ensaiar. Então lhes foi oferecido o salão da ONG Daruê Malungo ("companheiro de luta" em iorubá), situada na comunidade de Chão de Estrelas, no Recife, mas pela confusa topografia da capital pernambucana quase em Olinda, emendada com Peixinhos. A oferta veio de Gilson "Chau" Santana, o mestre Meia-Noite, capoeirista, dançarino do Balé

Popular do Recife, uma das vertentes do Movimento Armorial, idealizado pelo escritor Ariano Suassuna no final dos anos 1960.

Por essa época, Chico Science tinha deixado o Orla Orbe e formado, com o guitarrista Lúcio Maia e o baixista Alexandre Dengue, o Loustal (do nome do desenhista francês Jacques de Loustal, curtido por ele). Curiosamente, Gilmar Correia se parece com um dos personagens de Loustal, Kid Congo. Logo rolou também um projeto paralelo, o Bom Tom Radio, com Jorge du Peixe e H.D. Mabuse, e às vezes Vinícius Enter. O Bom Tom Radio era menos rock and roll e mais eletrônico, hip hop, funk, uma poção que estava sendo fermentada sem que eles soubessem no que daria.

Chico e Gilmar estreitaram laços de amizade pela afinidade com a música. Chico crescera com a cultura popular da periferia da região metropolitana do Recife, via manifestações como o citado Acorda Povo, maracatus rurais, cavalo-marinho, roda de coco, porém não participava de nenhuma dessas brincadeiras. Ressalte-se que, nos anos 1980, a cultura popular em Pernambuco restringia-se às comunidades onde tinha suas sedes, e estava em baixa desde o golpe militar. Maracatus de baque solto (o rural) e de baque virado existiam ainda pela persistência dos brincantes, mas temia-se por sua extinção.

## CULTURA POPULAR

A cultura popular, até 1964, sempre teve participação ativa nas festividades do estado, sobretudo no Grande Recife, desde o início do século XX. Maracatu de baque virado e caboclinho formavam com o frevo o tripé rítmico básico do carnaval pernambucano. A participação de maracatu, caboclinho, coco, cavalo-marinho, repentistas intensificou-se quando foi criado o Movimento de Cultura Popular (MCP), na gestão do prefeito Miguel Arraes de Alencar, no início da década de 1960. Embora seja pouco citado nos livros de história da cultura brasileira, o revolucionário MCP deu origem aos Centros Populares de Cultura (CPC), dos quais o mais conhecido foi o da UNE (União Nacional dos Estudantes), no Rio. Os brincantes participavam não apenas de festividades, mas também de eventos ligados à prefeitura, às ações educativas do MCP, que seguiam a didática do professor Paulo Freire, que propõe não somente ensinar a ler, mas conscientizar os alunos.

Quando as forças armadas, com apoio de políticos que faziam oposição ao governo de João Goulart, se insurgiram, no Recife os primeiros alvos dos tanques do IV Exército visaram dois pontos considerados centros da subversão pernambucana: o Palácio do Campo das Princesas, sede do governo estadual, e o MCP, no Sítio da Trindade, em Casa Amarela, local que no século XVII abrigou uma das trincheiras dos brasileiros e portugueses para combater o invasor holandês.

O MCP foi extinto, seus dirigentes (boa parte ligada à esquerda católica) foram presos e a cultura popular foi mandada de volta à periferia. Só era impossível conter o frevo. O ritmo forte do carnaval, pouco disseminado pelo país, mas combustível sonoro para a folia pernambucana, concorria pau a pau com as marchinhas cariocas e o samba, no rádio e nas lojas de discos. Já as agremiações carnavalescas, algumas fundadas no final do século XIX, como Vassourinhas e Pás de Carvão, foram obrigadas a seguir as regras implantadas pelos organizadores do carnaval, que instituíram passarelas para os préstitos carnavalescos.

As agremiações passaram a desfilar em locais e horários definidos. A cultura popular tornou-se mais objeto de estudo de sociólogos e antropólogos, ou fonte de pesquisa de músicos da classe média, do que participante nas festividades da oficialidade, que preferia chamá-la de *folk lore*, ou folclore. O Movimento de Cultura Popular, acusado de ser antro de subversão, de malversação de dinheiro público, teve o nome modificado. Inicialmente seria Fundação John Kennedy, depois se optou por nomenclatura mais pernambucana, Fundação Guararapes.

Os contemporâneos de Chico Science que não moravam no subúrbio, em alguns morros ou na Zona da Mata, região rica em maracatus rurais, cavalo-marinho e ciranda, pouco sabiam dessas manifestações, ou ignoravam totalmente sua existência. As mais "palatáveis" passaram a fazer parte de um pacote dos órgãos oficiais de turismo, que incentivaram, por exemplo, a ciranda, que se tornou a dança da moda no início dos anos 1970.

Os centenários maracatus de baque virado só voltaram a receber atenção quando surgiu o Maracatu Nação Pernambuco, no início dos anos 1990, e passou a fazer festas aos domingos no mercado Eufrásio Barbosa, em Olinda. Embora não sendo um maracatu de baque virado autêntico, o Nação Pernambuco tornou-se fundamental para que os maracatus voltassem à tona. Chico Science teria o mesmo papel em relação ao maracatu de baque solto, o rural (também chamado maracatu de orquestra). Durante muitos anos, questionou-se onde se enquadrava esse estilo de maracatu, que para muitos nem deveria ser classificado como tal. Em 1976, os grupos de maracatu rural chegaram a ser proibidos na passarela oficial do carnaval do Recife, na avenida Dantas Barreto, área central da cidade.

Curiosamente, não se atentava para a beleza plástica e carismática dos caboclos de lança. Até que Chico Science vestiu-se como um deles no SummerStage, no Central Park, em Nova York, na estreia de CSNZ no exterior. Trajes emprestados pelo mestre Salustiano da Rabeca, do maracatu Piaba Dourada.

Chico passou a vestir-se de caboclo de lança em seus shows, visitava o mestre Salustiano em sua casa em Cidade Tabajara, Olinda, e, com essas ações, contribuiu para popularizar o maracatu rural, até então praticamente ignorado pela maioria dos pernambucanos. Não demorou a surgirem grafites pelas paredes da cidade retratando os lanceiros, até que eles foram oficializados como o grande ícone da cultura do estado, um dos seus principais símbolos.

## SEMELHANÇAS

A revalorização das manifestações da cultura popular em Pernambuco desencadeou fenômenos semelhantes pelo Brasil, onde jovens se aproximaram de sua música regional, do carimbó, no Norte, ao boi de mamão, no Sul. Três décadas antes aconteceu episódio semelhante quando o Quinteto Violado fez sucesso nacional com o disco de estreia, em que cantavam cirandas e cavalos-marinhos. O QV levou muita gente a trocar a guitarra pela viola, flauta e outros instrumentos acústicos. No Recife surgiram vários grupos seguindo o modelo, dos quais o mais bem-sucedido foi a Banda de Pau e Corda. Em Aracaju (SE) o Bolo de Feira dizia-se abertamente influenciado pelo quinteto. Pelo Norte e pelo Sul, passou-se a valorizar as manifestações culturais locais e a se tocar desplugado.

Chico Science chegou a participar de um show do Quinteto Violado na Concha Acústica da UFPE, em outubro de 1996. Embora aparentem ser totalmente díspares, divididos não apenas por três décadas, mas por visões estéticas opostas, o quinteto empregou o jazz como filtro para tocar músicas pinçadas das manifestações populares, o que levou Gilberto Gil a referir-se ao grupo como o "*free* nordestino". Chico Science e o QV caminharam por caminhos assemelhados. O Quinteto Violado, por sinal, foi um dos primeiros nomes da MPB a chegar ao exterior a partir do primeiro disco, assim como aconteceu com CSNZ. Ambos fizeram a música que o crítico francês Jacques Denis (*Vibrations*), em conversa com o autor deste livro, definiu como "glocal", música global e local ao mesmo tempo, valendo-se de novos instrumentos para criar folk music.

Até onde eu saiba, centenas de pessoas que teceram considerações sobre a música de Chico Science & Nação Zumbi, em livros, dissertações, teses de doutorado ou monografias de conclusão de terceiro grau, nunca contrapuseram esses dois trabalhos primordiais para a divulgação pelo Brasil da música regional pernambucana. Separados por 22 anos, os álbuns *Quinteto violado* (Philips, 1972) e *Da lama ao caos* (Sony Music, 1994) comungam de muitas semelhanças. O QV apreendeu a cultura popular tanto pelo que os integrantes originais viveram (todos nascidos nos anos 1940, com exceção do flautista Sando, com 13 anos em 1972), quanto pelas pesquisas empreendidas sob encomenda para a gravadora Marcus Pereira, que resultaram no seminal álbum *Música Popular do Nordeste* (1973).

Assim como aconteceu com *Da lama ao caos*, o álbum de estreia do Quinteto Violado despertou o interesse pelas bandas de pífanos, aboios, baiões, cirandas. Coincidentemente, o QV surgiu quando o projeto armorial estava sendo arquitetado pelo escritor Ariano Suassuna, porém, embora se valessem da mesma matéria-prima, o QV e os armoriais não se cruzaram nem se aproximaram, embora tenha havido acenos por parte de Suassuna. Com o manguebeat o Quinteto Violado teria mais afinidades. Gravou "Macô" e "Coco dub" no álbum não por acaso intitulado *Farinha do mesmo saco* (1999), em que incluiriam também "Ligação direta" (Fred Zero Quatro, Bactéria, Goró, Xef Tony) e ainda "Pra ficar chique" (Ortinho, Hélio Loyo), da Querosene Jacaré, banda da segunda leva de mangueboys.

2

# LOUSTAL, LAMENTO NEGRO
# & O MANGUE

Tom Zé costuma explanar uma teoria sobre o armazenamento de experiências, conhecimentos arquivados numa espécie de galpão no cérebro. Conhecimentos esses que podem voltar a ser utilizados assim que se façam necessários. O armazenamento, mais precisamente, localiza-se no sistema límbico, de que faz parte o hipocampo – sua forma lembra um cavalo-marinho, do grego *hippos*, cavalo, e *kampi*, monstro. O hipocampo tem o papel de coordenar o recebimento de todas as informações sensoriais que vêm do córtex, organizando-as em memória. É o hipocampo que vai selecionar as informações que a pessoa recebe, escolhendo as que precisa guardar e as que não; estas serão descartadas. Ou seja, o hipocampo determina o que será arquivado na memória de longo prazo.

Motivadas por estímulos específicos, determinadas informações retornam ao córtex, onde estão as memórias e sensações acessíveis. Uma explicação complicada para o fenômeno acontecido com Osmair José, o Maia, garoto de Peixinhos, contemporâneo de Chico Science e Jorge du Peixe nas disputas de *break dance* no Recife em meados dos anos 1980. A primeira notícia que constatei num jornal pernambucano sobre *break dance* está no *Diário de Pernambuco* de 14 de março de 1984: "Assim como o jazz surgiu em New Orleans, e o samba foi dançado pela primeira vez no Rio, uma nova dança norte-americana surgiu em Nova York, especialmente no sul do Bronx, e se estendeu rapidamente pelo resto do país".

Em Peixinhos, periferia de Olinda, havia um bando de garotos fissurados em astros do rap, Public Enemy, Run-DMC, LL Cool J, Afrika Bambaataa & the Zulu Nation, Grandmaster Flash, entre outros, escutados em cassetes, com músicas compiladas dos LPs que conseguiam descolar. Nequinho, um desses garotos, integrante da turma de *break* de que Lúcio Maia participava, conheceu o Alafin Oyó, grupo de afoxé olindense, um ritmo que até então ignorava. O garoto falou entusiasmado do Alafin Oyó e convenceu Osmair "Maia" José e os amigos a irem com ele à sede do grupo afro no Centro Histórico de Olinda.

## OLINDA

Faz-se necessária uma explicação sobre a topografia de Olinda para se entender o motivo de garotos olindenses desconhecerem uma antiga manifestação popular da cidade, ligada ao candomblé. A Olinda que o turista conhece geralmente é o Centro Histórico, onde está a Cidade Alta, com seu conjunto de igrejas e mosteiros, cujas construções remontam ao século XVI. Um bairro que não chega a ocupar dois quilômetros quadrados, dos 44 que tem a cidade. O Centro Histórico é habitado basicamente por famílias de classe média, pintores, músicos (Alceu Valença tem casa lá). No sentido norte, ao longo da praia, encontram-se o Bairro Novo, Casa Caiada, Jardim Atlântico, área também basicamente de classe média, e Rio Doce, com parte de classe média remediada e predomínio de classe média baixa.

Longe da praia, no lado oeste, estão os bairros maiores e mais carentes, como Aguazinha, Jardim Brasil, Sítio Novo ou o tão citado Peixinhos, ocupados de forma desorganizada, carentes de saneamento urbano, iluminação pública, transporte, pavimentação de ruas etc. Esses bairros ficam relativamente distantes do Centro Histórico. Os moradores dessa Olinda que o turista não conhece têm mais ligações com o Recife, onde trabalham e fazem compras, do que com seu próprio município. A digressão é para que se entenda melhor a história do Lamento Negro e Chico Science & Nação Zumbi (e do movimento mangue como um todo), cuja formação original se dividia entre a classe média, a que está um pouco acima da classe pobre e a que está na linha da pobreza, enfim, as classes B, C, e D.

Voltando ao Lamento Negro, três décadas depois Osmair "Maia" José relembra o episódio com o Alafin Oyó:

> A gente não tinha conhecimento de afoxé. Chegamos lá com aquele cabelo *black*, de basqueteira, e dançamos *break* com os atabaques deles. Resolvemos fazer aquilo em Peixinhos, mas misturando com as coisas que a gente ouvia.

Osmair "Maia" foi um dos fundadores do Lamento Negro, grupo que em 2017 completou trinta anos em plena atividade, e com disco novo para celebrar a efeméride.

A referência do Lamento Negro era a nova música afrobaiana, Araketu, Olodum, Muzenza. Cultuavam grupos de poucos anos de vida, enquanto esnobavam os centenários maracatus de baque virado, cujos cortejos recebiam pouca atenção da imprensa, uma cultura que, desde os áureos tempos do Movimento de Cultura Popular, não chegava às escolas. Quando passaram a ensaiar no Daruê Malungo, e a tocar com alfaias de maracatu, por sugestão do mestre Meia-Noite, súbito, os vários ritmos da cultura popular arquivados no hipocampo daqueles garotos retornaram ao córtex. Não deixaram de imediato o samba-reggae, mas se voltaram também para o maculelê, afoxé, coco, maracatu e outras manifestações rítmicas que permaneciam (e permanecem) vivas nas periferias do Grande Recife, e em outras regiões de Pernambuco, que viam quando crianças, mas das quais se afastaram atraídos pelo hip hop, assim como antes deles garotos daquele mesmo bairro foram atraídos pelos mambos e rumbas trazidos pelos marinheiros latinos, que eram tocados nos cabarés da zona do cais do porto, mais tarde pelo iê-iê-iê, ou pelos bailes funk que aconteciam no Arruda, bairro recifense bem próximo a Peixinhos.

Quando Chico Science passou a frequentar o Daruê Malungo e a tocar com o Lamento Negro, o córtex recorreu ao hipocampo e carregou a memória presente de informações adormecidas. À medida que se entrosou com os integrantes do LN, considerou a possibilidade de introduzir no grupo a guitarra de Lúcio Maia e o contrabaixo de Alexandre Dengue. Precisou convencer os companheiros de Loustal a irem ao Daruê Malungo. Lúcio e Dengue relutaram em aceitar o convite. Não achavam que aquilo tivesse a ver com o que pretendiam da música. "O Lamento Negro tocava muito samba-reggae, que eu odiava. Emprestava meu baixo pra outro músico, Gabriel. Até que Chico me tranquilizou: 'Meu irmão, não vamos mais tocar isso, eu juro a você. A gente vai fazer as mesmas coisas que no Loustal, só que com percussão'", lembra Dengue.

Chico Science sabia ser convincente. Lúcio Maia trouxe o amplificador e a guitarra para Chão de Estrelas e tocou com a percussão do Lamento Negro. O que eles começavam ali desaguaria no movimento manguebeat. Alguns trechos de música que Chico adaptaria naqueles ensaios seriam incluídos poucos anos depois no repertório do álbum *Da lama ao caos*. "A primeira gravação nossa foi uma demo que fizemos com Chico, ele cantando 'A cidade'. Gravamos duas músicas pra botar num CD de Elcy [dono de uma loja alternativa de discos no Centro do Recife]", conta Osmair "Maia", do Lamento Negro.

Loustal e o Lamento Negro passaram a fazer apresentações em bares, clubes, festas. Shows separados, mas que em determinadas canções necessitavam de percussão. Então acontecia a mistura das duas bandas, que chegou a ser chamada de Chico Science & Lamento Negro, e finalmente foi batizada de Chico Science & Nação Zumbi. De Afrika Bambaataa & the Zulu Nation, obviamente, veio Nação Zumbi, sem esquecer que os maracatus eram de nação, ou seja, de uma etnia africana específica: Nação Porto Rico, Nação do Forte. O nome da banda vem dos maracatus e também de Zumbi, o mito negro do Quilombo dos Palmares.

Enquanto guitarra, baixo e vocal eram fixos (respectivamente Lúcio Maia, Alexandre Dengue e Chico Science), os percussionistas mudavam de acordo com suas conveniências. Os caras não se sustentavam de música, viviam de biscate ou trabalhavam com carteira assinada. Canhoto, por exemplo, 15 anos, era aprendiz de reparador de estofados. O próprio Gilmar Bola Oito, antes de garantir um trabalho fixo na empresa de processamento da prefeitura, se virava como podia, foi até magarefe do matadouro de Peixinhos (depois desativado e transformado no Centro Cultural Nascedouro). Chico Science sentiu que naquele caldo revigorante e sumarento estava sendo fermentada uma nova música, que precisava ser bem amarrada, organizada. "Posso sair daqui pra me organizar / Posso sair daqui pra desorganizar." Os livros a que teve acesso com os novos amigos, dos papos nos apartamentos da rua da Aurora (onde acabou morando), estavam fazendo sua cabeça, sobretudo os que abordavam a ficção científica de William Gibson, teoria do caos, fractais, talvez muita matemática, mas se apreendia o mínimo, que com o poder de síntese de Chico passava a ser mais.

Algum tempo mais tarde, quando ele já tocava com frequência com o Loustal e com o Lamento Negro, tinha ampliado o leque de amizades para os carinhas da Zona Sul, de Piedade e Candeias. Os manos da Ilha Grande, onde se bebia, fumava e trocava ideias. A Ilha Grande era um local fictício em Candeias, um bar qualquer por ali, o Bar do Caranguejo, por exemplo, onde se tomava cerva com patolas. Fred Zero Quatro compôs "A musa da Ilha Grande", um dos primeiros *hits* locais do Mundo Livre S/A. Quando a imprensa do Sudeste se interessou pelo manguebeat, escreviam sobre a Ilha Grande, inclusive em detalhes, como se fosse um lugar real.

## MANGUEBEAT

Jorge du Peixe contou que certo dia viajava com Chico num ônibus de Rio Doce para o Centro do Recife, quando o amigo se voltou para ele e disse: "O nome da parada é mangue". O pessoal que se reunia no bar Cantinho das Graças, no bairro homônimo, na ZN do Recife, garante que, certa noite, Chico chegou lá e anunciou que o nome daquele novo ritmo seria mangue. As versões variam, mas sempre concordam num ponto: foi Chico Science que surgiu com essa história de batizar de mangue a cooperativa, ou seja lá o que fosse, que eles estavam formando.

É comum se definir a música de CSNZ como uma mistura de funk, rock, hip hop com ritmos regionais como o maracatu. A rigor, não tem maracatu no que a banda gravou no álbum *Da lama ao caos*. Os batuqueiros se valem de alfaias, mas não do ritmo, da levada autêntica do maracatu, que é muito mais complexa do que um leigo pode imaginar. Cada nação tem seu toque particular que a identifica, sutil, pessoal e intransferível. Essa é a grande importância do percussionista Naná Vasconcelos (1944-2016), que, para a abertura do carnaval do Recife, na sexta-feira, durante 15 anos, conseguiu reunir, pacificamente, diversas nações de maracatu de baque virado, ensaiadas uma a uma e, no grande dia, regidas por ele no Marco Zero, o principal polo carnavalesco da capital pernambucana, cada qual com seu toque, todas no mesmo patamar de igualdade. E sem as brigas que já foram comuns quando as nações de maracatu por acaso se encontravam durante o carnaval.

Segundo Maureliano, ou Mau, que tocou no Lamento Negro e fez parte de uma das formações de CSNZ, antes da gravação de *Da lama ao caos*, Chico pediu-lhe que arranjasse os tambores de uma maneira que eles cumprissem o mesmo papel na Nação Zumbi que os metais no soul de James Brown, ou seja, preenchendo os espaços vazios, reforçando o suingue, ou o *groove*.

Chico Science foi bruxo de sons. Escrevia compulsivamente. Nos muitos cadernos que deixou com poemas e letras de música (os cadernos estão com Goretti França, sua irmã mais velha), ele descrevia que som pretendia para cada música. Citava nomes de canções e de artistas que curtia, e os trechos das produções desses artistas que entrariam como *samples*, ou emulados, os instrumentos que seriam usados, quais sonoridades caíam bem. Fazia com a boca a linha de baixo ou de guitarra que pretendia para cada trecho da canção. Louve-se o talento de Alexandre Dengue e Lúcio Maia, pela rápida e perfeita adaptação de contrabaixo e guitarra num contexto totalmente novo, e inovador. Ambos tinham formação de roqueiros, rock era a música que escutavam, até o inusitado convite de Chico Science para irem ao Daruê Malungo. Havia uma daquelas raras interações entre músicos, com Dengue e Lúcio detectando exatamente o que Chico tinha em mente, ao mesmo tempo que dialogavam com os percussionistas.

Goretti França reforça a ideia do irmão como um maestro não convencional, em comentário que nos fez no apartamento onde mora em Botafogo, no Rio:

> Ele produzia, pensava o show, pensava a música, o cenário, a luz, meio como um filme na cabeça dele. Como não estudou música, as partituras dele são os rabiscos, onde diz que som as coisas têm, como é que aquilo toca, parece com o som de não sei o quê, como será a música.

Aquela mistura de tambores com guitarra, baixo e letras com temáticas inusitadas foi atraindo público para as apresentações dos mangueboys. A imprensa interessou-se, até porque entre eles havia jornalistas: Fred "Zero Quatro" Montenegro, do Mundo Livre S/A, trabalhava como repórter da TV Jornal, enquanto Renato L, que seria o "ministro da informação" do manguebeat, também era jornalista (anos depois seria secretário de Cultura do Recife, na gestão de João da Costa). O próprio Mabuse, que não é jornalista de formação, assinou nos anos 1980 uma coluna no *Rei da Notícia*, tabloide da imprensa alternativa recifense.

Enquanto Chico Science alinhavava o som com Loustal e Lamento Negro, Zero Quatro dava uns acertos no Mundo Livre S/A, outros grupos avizinhavam-se da turma, Xico Sá publicava livros de poemas anárquicos, gonzos, que agradavam às futuras manguegirls, e fazia intervenções em eventos badalados. Uma delas ocorreu pelo final dos anos 1980 no Encontro de Comunicação, evento disputado, que acontecia no Colégio Damas, no Recife, com um público de 5 mil estudantes em média. Durante uma mesa cuja atração principal era o humorista e desenhista Ziraldo, Xico Sá pediu um aparte e dominou a plateia, declamando os haicais que publicava num jornal anárquico, politicamente incorreto, o *Papa-Figo* (corruptela de papa-fígado), que eu editava com dois cartunistas, Bione e Ral: "Miro a lua / Enquanto cago / na beira do lago", "Masturbação, justiça / com as próprias mãos". Estes e outros poemetos puxaram manifestações de aplausos, e irritaram Ziraldo, que pediu o microfone de volta sob vaias. Nessa noite encontrei os desinfartadores das veias obstruídas do Recife na saída do Colégio Damas vendendo um livro de Xico chamado *Metaforânsia*.

Um tempo depois, Zero Quatro aproveitou os dados que tinha anotado para uma matéria que havia produzido num frila para a TV Viva, de Olinda, sobre os mangues do Recife, para embasar a teoria do primeiro manifesto do movimento mangue, distribuído para a imprensa em 1992. Até aí ninguém tinha intenção de um movimento, até porque movimento passa a ideia de formalidade, academicismo. Porém, no bom estilo anarcocínico de Malcolm McLaren, o empresário dos Sex Pistols, manipularam a imprensa, entregando cópias do manifesto aos jornalistas, o texto ilustrado com o homem-caranguejo criado por Hélder Aragão, da Dolores & Morales. Este último, mais tarde, repensaria a figura do DJ na música eletrônica brasileira, sem se pautar por congêneres gringos.

À medida que os mangueboys se tornavam notícia, a mídia passou a se interessar por bandas que já existiam na cidade, a exemplo de Eddie e Devotos do Ódio (que depois extirpariam o "ódio" do nome), enquanto surgiam novos grupos inspirados pelo manguebeat, caso de Via Sat, cujos integrantes saíram, em sua maioria, do Lamento Negro, com alguns tendo passado pela percussão da Nação Zumbi, entre eles Pácua e o citado Mau.

Chico Science & Nação Zumbi só definiu sua formação depois da participação na primeira edição do Abril Pro Rock, em 1993, como relembra Gilmar Bola Oito:

> Um dia Chico chegou e disse que a *Vejinha* [extinta edição regional da revista *Veja* produzida no Recife] estava procurando a gente para uma matéria, e que a gente precisava se organizar como banda. Chico me disse que não dava mais para continuar fazendo *jams*, e eu nem sabia o que era *jam*. O Lamento Negro tinha mais de trinta músicos, e ele me pediu para escolher uns meninos que dessem para formar uma banda.

Gilmar conta que sugeriu Toca Ogan, Canhoto e Gira. Tinha ainda Mau (Maureliano), Pácua (ambos formariam depois a Via Sat), Lúcio Maia, Dengue, Otto e Chico Science. Nascia a Nação Zumbi.

## ABRIL PRO ROCK

O APR foi fundamental para alimentar a nascente cena mangue. Desde o udigrúdi dos anos 1970, Pernambuco não presenciava um festival naqueles moldes. A norma para os shows até então era pelo menos uma banda de fora, sucesso nacional, e uma local abrindo. Era a janela local, com direito a meia hora, se muito. Tanto o Mundo Livre S/A quanto Chico Science & Nação Zumbi, já badaladas, submeteram-se à tal janela. A primeira abriu para Moreira da Silva e o CSNZ para Arrigo Barnabé, ambos no projeto Seis e Meia, no Teatro do Parque.

Os produtores da época, que ainda não faziam muita fé na nova cena pernambucana, continuavam a investir nos medalhões de fora. Achavam que a plateia continuava a querer Legião Urbana, Paralamas do Sucesso, Engenheiros do Hawaii. Mas a autoestima do pernambucano estava melhorando. Numa noite, os Paralamas do Sucesso tiveram menos público, tocando no Clube Boa Viagem, no bairro homônimo da Zona Sul recifense, do que Chico Science & Nação Zumbi apresentando-se no Circo Maluco Beleza. Alguma coisa estava acontecendo por aqui, e Mister Jones não estava sabendo.

Na primeira edição do Abril Pro Rock, o jovem empresário Paulo André Pires, que conhecia os músicos todos, frequentadores de sua loja de discos, confiou no taco da pernambucanidade e achou que alguma coisa realmente estava acontecendo.

> O caldeirão vai ferver. A receita é ousada. Vai ser preciso ter fôlego e gostar de dançar até não poder mais. No próximo dia 25 será realizado no palco externo do Circo Maluco Beleza o primeiro festival Abril Pro Rock. O evento reunirá 14 das principais bandas da cena *underground*

do Recife. (Matéria do jornalista Marcelo Pereira em abril de 1993 no *Jornal do Commercio*)

Aconteceu ali um fenômeno de gerações. As pessoas sentiram que era hora da troca de guarda. Entre 1.000 e 1.500 pessoas acorreram naquela tarde de domingo ao Maluco Beleza, um espaço inspirado no Circo Voador carioca, no bairro das Graças, em frente ao vetusto Museu do Estado. No APR seguinte, o público quadruplicaria. Porém, até 1993, o pernambucano não prestigiava o músico local. Aqueles artistas, quase todos sem discos, passaram a frequentar as páginas dos jornais da cidade, foram com fome ao prato, não esperavam ser incluídos em eventos promovidos pelos incipientes órgãos de cultura do Recife ou Olinda, e atuavam na base do "com licença, eu vou à luta".

Toca Ogan, por exemplo, depois de dois meses fora do grupo, apareceu no Circo Maluco Beleza, numa programação que escalou nomes que não frequentavam a mesma praia estilística. Não eram mais nem menos conhecidos na cidade. O então mais badalado era o citado Maracatu Nação Pernambuco, que encerrou a programação e que não era um maracatu nação, antes poderia ser classificado como um grupo folclórico, pois seu repertório era um mostruário de ritmos pernambucanos.

Na plateia do APR encontravam-se o jornalista, músico e produtor Carlos Eduardo Miranda e o VJ da MTV Gastão, convidados da produção. Miranda teve uma participação importante no movimento mangue. Foi ele quem encomendou ao autor deste livro uma matéria para a revista paulista *Bizz* (depois *Showbizz*) sobre o movimento cujos tambores ressoavam no Sudeste, sem que o pessoal soubesse exatamente do que se tratava. A matéria saiu na coluna Conexão Brasil e foi a primeira sobre o manguebeat publicada numa revista de circulação nacional (com fotografia de Chico Science & Nação Zumbi e Mundo Livre S/A tirada num mangue por Fred Jordão, o mesmo que fez a foto da capa de *Da lama ao caos*).

Um mês depois os mangueboys arriscariam a primeira investida no Sudeste. Viajariam com dois shows confirmados, um no Aeroanta, em São Paulo, outro no Drosóphila, em Belo Horizonte. Em 30 de abril, produziram a festa Mangue Trip, no Pin Up, no bairro do Pina, a fim de angariar recursos que aliviassem os gastos com a viagem. Tocaram Chico Science & Nação Zumbi e Mundo Livre S/A, enquanto Chico Science e Renato L foram os DJs da noite. Voltariam a realizar mais um show para reforçar o caixa, antes de irem ao Rio gravar *Da lama ao caos*. Dessa vez foi um minifestival, em 30 de maio de 1993 no Via Brasil, um bar/casa de shows nas Graças. Além de CSNZ e Mundo Livre S/A, tocaram Eddie, Cérebro Esquerdo e Loustal, esta com Jorge du Peixe nos vocais. Nesse evento, denominado Da Lama ao Caos, aconteceu a estreia de Otto como percussionista do Mundo Livre S/A (seu lugar na percussão de CSNZ foi ocupado por Toca Ogan).

Assim como no Abril Pro Rock, não havia maiores convergências estéticas entre CSNZ e as demais bandas. Mesmo o Mundo Livre S/A, cujo primeiro disco, *Samba esquema noise*, abre com uma faixa intitulada "Manguebit", não tinha o mangue como tema recorrente. Fábio Trummer, vocalista e guitarrista do Eddie, explicou o que unia sua banda à de Chico Science: "A identificação com a atitude mangue de valorizar qualquer música de qualidade feita na terra e estar antenado com o que acontecia lá fora". Na matéria em que divulgava a edição inaugural do Abril Pro Rock, o jornalista Marcelo Pereira comentava a variedade dos caranguejos com cérebro:

As três turmas de manguebeat convivem com respeito às diferenças. É a *pax manguesis* que conquista o visitante de chofre. Depois de Chico e Zero Quatro, já apareceram Jorge Cabeleira e Eddie. A terceira onda vem do Alto Zé do Pinho. Ali se juntam os jovens pobres do morro. Os Devotos do Ódio, liderados por Canibal, fazem hardcore, já o Faces do Subúrbio prefere o rap.

Um ano mais tarde, faltaria espaço para citar todas as bandas que surgiram no rastro de CSNZ e Mundo Livre S/A. Embora as grandes gravadoras tivessem sede no Rio, a meca dos músicos pernambucanos era (como ainda é) São Paulo. Curiosamente, os recifenses não são muito de praia, se identificam mais com a capital paulista. Até os dias atuais, a maioria dos músicos mora em Olinda ou na bucólica Zona Norte recifense, onde funcionam os bares transados, os mais cabeças. Assim, a incursão inicial para o "Sul Maravilha", usando uma expressão criada pelo cartunista Henfil, foi para São Paulo. De ônibus, as duas bandas mais alguns jornalistas simpatizantes do movimento.

### ESNOBADA

O diretor musical da Sony Music, na época, era o experiente Jorge Davidson. Os divulgadores da gravadora incumbiam-se de mandar matérias de jornais das praças em que atuavam, caso alguma banda ou cena local se destacasse. A quantidade de matérias locais sobre o movimento mangue aguçou os sentidos de Davidson. Quando leu que CSNZ e Mundo Livre S/A iriam a São Paulo para tocar no Aeroanta, a badalada casa noturna paulistana, ele pegou a ponte área. Numa entrevista em agosto de 2015 para o documentário *Caranguejo elétrico* (Zé Eduardo Miglioli, 2016), Davidson conta que encontrou Chico Science no Aeroanta e apresentou-se como diretor da Sony Music. Esperava que a reação fosse semelhante à de outros artistas que o conheciam, de efusão, salamaleques, afinal não era todo dia que um executivo de uma multinacional do disco vem até você. Davidson confessa que foi surpreendido, pois Chico o cumprimentou como cumprimentaria um mortal comum e lhe disse que, qualquer coisa, ele conversasse com Fernando Jujuba, o empresário da banda, e foi em frente. Provavelmente, envolvido pelo clima da estreia na capital paulista, numa casa tão prestigiada feito o Aeroanta, não tenha se dado conta da importância do encontro com o diretor artístico de uma *major*. As grandes gravadoras refestelavam-se num mercado em plena pujança econômica, ainda longe de cair nas garras da pirataria e de se embaraçar nas malhas da internet.

Davidson veio de olho no Mundo Livre S/A também, mas lhe interessou mais CSNZ, depois de assistir a ambas. Chico, acompanhado por Fred Zero Quatro, iria com o executivo da Sony Music ao Rio para assinar o contrato de intenções com a gravadora. E antes da viagem tirou sarro com os companheiros de banda. Jorge du Peixe, incorporado à Nação Zumbi como batuqueiro, escreveu um diário durante a longa viagem de quase três dias até São Paulo. Numa das anotações, registra que Chico Science lhe disse que voltaria por cima, ou seja, de avião. Jorge fez o comentário: "Só se for por cima do ônibus, dando uma de surfista rodoviário".

## QUE SOM É ESSE?

A viagem foi altamente positiva para o manguebeat. Há anos sem nada de realmente inovador na música brasileira, a imprensa de São Paulo e do Rio dirigiu o foco para o Recife. Foi caudaloso o volume de matérias publicado na imprensa carioca e paulista, sobretudo sobre Chico Science & Nação Zumbi. Muita gente não entendia nada, o que é natural. Além de jogar no caldeirão informações que iam da teoria do caos à cibernética, hip hop, funk, afrobeat, punk e metal, Chico Science trouxe para sua música, devidamente reprocessada, a pletora de ritmos que habita a periferia da capital pernambucana e a Zona da Mata. Expressões culturais como maracatu de baque solto eram pouco conhecidas até mesmo em seu estado, já que as sambadas de maracatu aconteciam em cidades relativamente distantes do Recife e recebiam inexpressiva divulgação na imprensa local. Até então, por exemplo, o depois celebrado mestre Salustiano, do Maracatu Piaba de Ouro, não passava de um ilustre desconhecido, embora trabalhasse em projetos de Ariano Suassuna, que ajudou o grupo a ter sua praça para as sambadas, a Ilumiara Zumbi, na Cidade Tabajara, bairro da periferia de Olinda.

O movimento armorial, cujas coordenadas foram traçadas por Suassuna, trabalhou com a cultura popular pernambucana, maracatu, cavalo-marinho, caboclinho, aboio etc., porém dando-lhe roupagem erudita, e servindo-a a um público seleto e restrito. Embora prestigiassem e cultuassem mestres como o Capitão Antônio Pereira, do Boi Misterioso, de Afogados, ou o citado rabequeiro Salustiano, os armoriais deram-lhes pouca visibilidade. A Orquestra Armorial e o Quinteto Armorial tiveram LPs lançados com distribuição nacional pela Continental e Gravadora Marcus Pereira, respectivamente, receberam generosos espaços nos cadernos culturais dos principais jornais do país, mas pouco se falou dos verdadeiros brincantes dos cavalos-marinhos, cirandas ou maracatus, fontes primárias das composições armoriais, criadas por agricultores, pedreiros, homens e mulheres do povo.

O manguebeat bebeu na fonte da cultura popular, mas levou a fonte até seu público, a ponto de o maracatu rural ou o cavalo-marinho, este também conhecido como bumba meu boi, serem até hoje cultuados por pessoas da classe média urbana, embora com menos entusiasmo do que nos anos 1990. Muita gente da cidade viaja até Aliança, ou Nazaré da Mata, na Zona da Mata, para as sambadas de maracatus ou apresentações de cavalo-marinho. Se até o início dos anos 1990 o pernambucano não conhecia suas manifestações populares, muito menos sabiam delas os jornalistas de outros estados. Um exemplo disso é uma apresentação de CSNZ em 1993 no *Programa Livre*, de Serginho Groisman, no SBT, programa que estreou em 1991, no mesmo ano em que surgiu o manguebeat. Groisman mostra-se bastante interessado nos mangue-boys, mas, pelos seus comentários, nota-se que não sabia exatamente como explicar à sua jovem plateia o que os pernambucanos tocariam para ela. Na plateia estavam também os integrantes do Mundo Livre S/A. Chico chamou Fred Zero Quatro para participar da conversa com o apresentador, os dois deram uma amostra do glossário de gírias boladas por eles, todas com alguma ligação com mangue e caranguejos. O público, muito jovem, demora um pouco para entender a música, mas quando pega o ritmo vai embora na levada. A apresentação no *Programa Livre* aconteceu no dia posterior ao show no Aeroanta:

> **Groisman** – O pessoal veio do Recife, não é isso, Chico?
> **Chico** – Recife, cidade estuário, onde há dois anos surgiu o movimento mangue, movimento que tenta redimensionar, unir os ritmos regionais a ritmos universais.

> **Groisman** – Então, como vocês classificaram, uma *world music* pernambucana?
> **Chico** – Sim, uma *world music* pernambucana. Nosso símbolo é uma antena parabólica enfiada na lama. Junto com a Nação Zumbi tem também o Mundo Livre S/A, Zero Quatro aqui, Bactéria, Otto ali atrás e Tony e o Loustal.

Embora alguns dos cabeças do manguebeat rechacem o que faziam como "movimento", naquela participação, no início e no fim, Chico Science afirma que ele e a Nação Zumbi, Loustal e Mundo Livre S/A formam um movimento.

Boa parte da imprensa era favorável ao movimento mangue. Mas, claro, havia os jornalistas que procuravam dirimir as próprias dúvidas para explicar melhor ao leitor do que se tratava o manguebeat. Um deles foi Luís Antônio Giron, da *Folha de S.Paulo*, numa das entrevistas em que Chico Science melhor explica as lucubrações embutidas no manguebeat:

> **Giron** – Você pode explicar melhor o que é o estilo mangue?
> **Chico** – Mangue é o Recife, a quarta pior cidade do mundo. Fizemos um manifesto há três anos usando a imagem do mangue, já que o Recife foi construído sobre manguezais e mangue representa fertilidade. Nossas bases são os ritmos brasileiros retrabalhados de forma experimental. Não quis pegar o maracatu e mudar a maneira de tocá-lo, mas pegar o bagaço daquilo que se faz no Recife e misturar com a visão pop. Éramos jornalistas e técnicos em informática. Achamos que Recife era uma cidade estagnada que queria diversão. Daí o movimento, no sentido de animar as pessoas, injetar energia. Nosso símbolo é uma parabólica enterrada na lama.

No final, Giron questiona o encontro de expressões aparentemente heterogêneas. John Coltrane, Bezerra da Silva e Josué de Castro num mesmo contexto, como eram conciliados?

> **Chico** – Temos fome de informação. Na imagem de Josué, somos "caranguejos com cérebro", como os pescadores que ele descreveu no livro *Homens e caranguejos*. Eles pescam e comem caranguejos para depois excretá-los num ciclo caótico. Fazemos uma música caótica.

## Ô, JOSUÉ

Faz-se necessário esclarecer a tão incensada ligação entre Josué de Castro e Chico Science. Quando compôs a música "Da lama ao caos", Chico Science não tinha lido nada de Castro, mal sabia de quem se tratava, diga-se a bem da verdade. Soube do livro *Homens e caranguejos* em 1993, quando foi numa manhã à minha casa, com Fred Zero Quatro, para uma audição da primeira demo da cena que estavam arquitetando. Enquanto escutava a fita, lembrei-me do romance de Josué de Castro, como ele tinha a ver com as letras de Chico Science e como o mangue tinha tanto a ver com o Recife. Apresentei *Homens e caranguejos* a ele, explicando em poucas palavras do que se tratava. Lembro que Chico se entusiasmou e me pediu o livro emprestado. Não emprestei, porque a edição que conservo até hoje era na época muito rara, os livros de Josué de Castro estavam fora de catálogo havia anos. Mesmo com a redemocratização, só seriam reeditados no centenário de Castro, em 2008.

Chico foi embora com Josué na cabeça, conforme ratificou anos depois o percussionista Gilmar Bola Oito: "Ele chegou na Emprel dizendo que tinha ido na casa de um jornalista que lhe falou sobre Josué de Castro, e que a conversa lhe deu ideia para uma música, e foi logo fazendo a letra", testemunha Gilmar.

A citação a Josué (sem sobrenome) está na canção "Da lama ao caos" e, em *Afrociberdelia*, na faixa "Cidadão do mundo". Essas duas rápidas citações inspiraram trabalhos acadêmicos, análises, ensaios, matérias sobre a influência de Josué de Castro no movimento mangue em geral e em Chico Science em particular. Entrevistado para o documentário *Josué de Castro – Cidadão do mundo*, de Silvio Tendler (1994), o próprio Chico Science praticamente confirma o parco conhecimento que tinha até então sobre o cientista social. Quando é solicitado a falar sobre ele, tergiversa:

> Josué de Castro, grande sociólogo e médico. Eu nunca soube nada de Josué de Castro, não aprendi na escola sobre Josué de Castro, é uma pena isso. Mas depois fiquei conhecendo Josué de Castro, quando a gente fez essa coisa do movimento mangue, e vi o quanto é importante a figura de Josué de Castro na história de Pernambuco, um homem-caranguejo [...] Para os manguebabies, mangueboys e manguegirls, para as pessoas que gostam de música inteligente, tem que se antenar, tem que se informar. Tem que saber para onde corre o rio, tem que seguir o leito, tem que estar informado, tem que saber quem é Josué de Castro, rapaz.

A propósito, Josué de Castro não foi um especialista em crustáceos, como muita gente que também o desconhecia passou a entender a partir da música de Chico Science. *Homens e caranguejos*, um apêndice menor na vasta obra do cientista, é seu único romance, publicado em 1967, quando já amargava o exílio. Castro tentou várias vezes voltar ao país, e lhe foi negado o visto de entrada. Sua obra tem um espectro muito mais amplo. Ele foi um dos maiores estudiosos de sua época, no mundo, sobre o problema da desnutrição, a fome endêmica e epidêmica que assolava (e ainda assola) o Brasil, também dentro de um contexto político-social, com análises de alcance mundial. Tanto que seu livro mais conhecido, *Geografia da fome*, foi traduzido em 25 idiomas. O que mais liga os dois, Chico e Josué, é o Recife, cuja presença é muito forte em suas respectivas obras. Curiosamente, ambos têm em comum o fato de na infância terem morado próximos ao mangue. De classe média, Josué de Castro cresceu num casarão no Derby, próximo ao rio Capibaribe, ao mangue, vizinho a mocambos. Quando as águas subiam acima do volume normal, os caranguejos iam casa adentro, como acontecia onde Chico Science morava, em Rio Doce.

Por volta de 2012, Francisco França, pai de Chico Science, costumava aparecer no *Jornal do Commercio*, onde trabalha o autor deste livro. Vinha apenas conversar, sempre com uma pastinha com fotos, às vezes objetos que pertenceram a "Chiquinho", entre estes, numa das últimas idas ao *JC*, um exemplar de *Geografia da fome*, adquirido num sebo em São Paulo. A observação sobre a influência de Josué de Castro em Chico Science não o desmerece, pelo contrário. Apenas mostra o quanto era antenado e absorvia com impressionante poder de síntese as informações que lhe chegavam. Perto de finalizar este livro, numa conversa casual com Renato L, ele me disse ter visto no apartamento de Chico, na rua da Aurora, um exemplar de *Homens e caranguejos*.

### O MANGUEBOY E O ARIANO

Embora abordasse os problemas sociais do Recife (região metropolitana), com bom humor e fina ironia, mas botando o dedo na ferida, Chico Science & Nação Zumbi contribuíram para elevar o índice de autoestima do pernambucano. Além do maciço apoio da imprensa, o manguebeat ganhou a simpatia dos órgãos do estado. A primeira turnê internacional, por exemplo, foi em parte financiada pelo governo de Pernambuco. O secretário de Cultura do governador Miguel Arraes, então no seu terceiro mandato (não consecutivo), era o escritor Ariano Suassuna, conhecido pelo seu nacionalismo ortodoxo. Virou folclore o fato de Ariano se eximir de pronunciar o "Science" de Chico, preferindo a tradução, ou seja, "Ciência". Há anos pairando sobre a cultura pernambucana, o paraibano Suassuna passou a ser visto como um oponente feroz do manguebeat, o que não era de todo verdade. Quando Suassuna assumiu o cargo, o repórter Aníbal Alexandre o provocou numa matéria do jornal carioca *O Globo*, e o escritor aceitou a provocação. Afirmando que não discriminaria, nem faria oposição a nenhum segmento cultural, o secretário disse que sua verba era pequena, portanto iria dar preferência à cultura popular que, salientou, estava desamparada. Era contrário à mistura de ritmos regionais com o que chamou de música internacional de quarta categoria, e concluiu que, por aquela lógica, "seria um progresso significativo incluir o Super-Homem ou a Mulher Maravilha no romance *A pedra do reino*". Na mesma matéria havia as réplicas de Fred Zero Quatro e Chico Science. O primeiro mais cáustico, o segundo mais diplomático. Ex-aluno de Suassuna na Universidade Federal de Pernambuco (onde fez o curso de jornalismo), Zero Quatro nunca perdeu uma oportunidade de alfinetar ou fustigar o mestre. Science respondeu às críticas com um comentário moderado: "Hoje em dia, tanto o menino novo quanto o menino velho têm que pensar com uma cabeça mais aberta".

Embora com suas ressalvas, Suassuna, na posição de secretário de Cultura, foi pela primeira vez a um festival de rock, no Circo Maluco Beleza. A finalidade de sua inusitada presença em tal local foi desejar boa viagem aos mangueboys que faziam show às vésperas da segunda turnê europeia. Os dois, Science e Suassuna, seriam entrevistados pela repórter Ivana Moura, do *Diário de Pernambuco*, e do que se imaginava um confronto acabou saindo um bate-papo em que, sem nenhum dos dois abdicarem de suas convicções, prevaleceu a civilidade.

O escritor nem sempre optou pela política da boa vizinhança em outros tempos e outras divergências. No conturbado 1968, Suassuna enfrentou a versão pernambucana do tropicalismo com menos fleuma. Depois de receber repetidas críticas no *Jornal do Commercio*, assinadas pelo jornalista Celso Marconi, por ter entregado a direção do filme da peça *O auto da Compadecida* ao húngaro George Jonas, Suassuna respondeu com um artigo no *Diário de Pernambuco* ironizando a capacidade intelectual do seu opositor. A troca de farpas pela imprensa culminou com o escritor agredindo a socos o jornalista durante a apresentação da peça *Andorra*, de Max Frisch, no Teatro Popular do Nordeste, no bairro da Boa Vista, região central do Recife.

Mais de trinta anos depois, Suassuna ainda não aceitava o tropicalismo:

> Minha posição contra o tropicalismo é uma questão de convicção. Acho que foi um movimento derrotista. O golpe de 1964 desbaratou o movimento de cultura popular e eles, que fizeram o tropicalismo, trocaram de lado. Numa certa época eles eram do nosso lado, do lado da música brasileira, que tocava violão, viola de dez cordas. Do outro lado, a jovem guarda,

> que tocava guitarra elétrica, e importava a música americana, fazendo versões. O mais grave, no entanto, é que nessa época os americanos espalhavam pelo mundo uma imagem do homem e da mulher latino-americana que me desagradava. O homem era um camarada com costeletas até a boca, de bigodes, uma calça estreita e um paletó largo, com sapato de sola de borracha, requebrando debaixo de um cacho de banana, ao som de rumba. A mulher brasileira em particular era a Carmen Miranda, cheia de abacaxi na cabeça. Eu achava isso uma avacalhação. É deboche da nossa cultura e isso eu não podia aceitar, e jamais vou aceitar. (Revista *Palavra*, jan./fev. 2000)

Um ano mais tarde, um grupo de jornalistas recifenses entrevistou o escritor para a revista *Caros Amigos* (nº 75), e ele continuava renitentemente contrário a infusões de estrangeirismos na música brasileira. Perguntado sobre guitarras elétricas no maracatu, respondeu: "Discordava e discordo, e disse a ele (Chico Science) pessoalmente. Acho que ele junta duas coisas diferentes, uma boa e outra ruim". Não poupa elogios ao Mestre Ambrósio e ao Cordel do Fogo Encantado porque "Mestre Ambrósio não colocou a música brasileira a serviço dessas coisas, colocou essas coisas a serviço da música brasileira".

Por ironia do destino, o manguebeat e o armorial somaram forças no carnaval do Recife em 1997. Antônio Nóbrega criou o bloco Na Pancada do Ganzá (expressão tomada emprestada a Mário de Andrade) para desfilar na avenida Boa Viagem, onde, durante a semana pré-carnavalesca, acontecia o Recifolia, movido a trios elétricos, com os principais astros da axé music, então a música que predominava no país. Chico Science participaria como convidado, mesclando suas composições com clássicos do frevo. O trágico acidente que o matou, em 2 de fevereiro, aconteceu na véspera do desfile do Na Pancada do Ganzá. O bloco mesmo assim foi à avenida no dia seguinte, tocando músicas dos discos *Da lama ao caos* e *Afrociberdelia* e frevos, incluindo "Madeira que cupim não rói" (Capiba), que Chico Science e Antônio Nóbrega cantariam juntos, e que chegaram a gravar um mês antes. A título de curiosidade, a orquestra que tocou no desfile era o embrião da SpokFrevo Orquestra, regida pelo maestro Inaldo Cavalcanti de Albuquerque, o maestro Spok, que na década seguinte daria uma contribuição vital para a revitalização do frevo.

## EM ESTÚDIO

A Sony Music liberou as verbas iniciais para tocar o projeto do álbum *Da lama ao caos*. A banda reservou horas no estúdio Somax, no Recife, para gravar a pré-produção do álbum. Pretendiam que o disco fosse produzido pelo norte-americano Arto Lindsay, que viveu algum tempo em Garanhuns, no agreste pernambucano, onde o pai, missionário, dirigia um colégio protestante. Além de falar fluentemente português, Arto Lindsay conhecia os ritmos de Pernambuco. Queriam também que Naná Vasconcelos, havia anos fora do Brasil, fizesse uma participação no disco, o primeiro de um contrato que previa três álbuns, mas que dava liberdade para a Sony Music dispensar o grupo, caso a estreia não fosse o que se esperava da nova sensação da música popular brasileira.

O chamado ministro da informação do manguebeat, Renato L, foi testemunha de um dos encontros de Chico Science com os executivos da Sony Music, e relembra a reunião:

Eles achavam que por ter tambores, como vinha do Nordeste, que o pessoal fazia axé. Quando começaram a discutir sobre quem seria o produtor, eu falei que por mim seria Rick Rubin, da Def Jam, porque ele daria potência aos tambores. Os meninos queriam Arto Lindsay, mas ninguém foi contra Liminha. Estavam todos animados, porque naquela época gravar um disco já era um feito. Inclusive, o nome "Da lama ao caos" existia antes do disco, foi uma festa que a gente fez. Mas essa coisa dos tambores eu imaginava que daria problemas, porque os produtores brasileiros naquele tempo não tinham *know-how* para gravar som grave. Não sei se era exigência do padrão do que se fazia aqui, mas acho que ficou devendo na potência dos tambores.

Antes de começar a gravação de *Da lama ao caos*, Chico Science & Nação Zumbi participaram do seu primeiro festival internacional, o Fest in Bahia. Não tocaram na Concha Acústica do Teatro Castro Alves, mas no pátio do Museu de Arte Moderna da Bahia, para convidados. Nesse festival, Paulo André Pires, que estava para assumir a produção do grupo, conseguiu importantes contatos internacionais que logo lhes seriam muito úteis.

Paulo André, criador do Abril Pro Rock, morou três anos na Califórnia, onde testemunhou as mudanças que se processavam na música pop. Viu surgir o *crossover* de rock com funk e rap, circulou pelos bastidores de bandas que estavam começando, como Faith No More e Metallica. De volta ao Recife, pegou a nova cena se armando. Abriu uma loja de discos, a alternativa Rock X-Press. O Recife por essa época abrigava a matriz da maior rede de lojas de discos do país, a Aky Discos, que trabalhava com as grandes gravadoras, e muito pouco com importados. A cidade encheu-se de lojas alternativas, oferecendo os discos que não se compravam na rede Aky.

Foram de suma importância para o surgimento de uma cena antenada com o que acontecia lá fora. Elas importavam as novidades, não apenas do exterior, mas também de São Paulo, onde se multiplicavam as pequenas gravadoras, que permitiam muito maior liberdade do que as *majors*. Iam além disso, proporcionando um ambiente propício para a troca de ideias e estreitamento de laços de amizade. A Discossauro, de Carlinhos Freitas e Fernando Matos, na rua Sete de Setembro, no Centro do Recife, era onde se podia encontrar quase todo mundo que fez o manguebeat.

Merece crédito também a MTV, que chegou ao Recife de maneira diferente de algumas cidades. Transmitia por UHF:

> Mas é nas bocas da cidade que o efeito pode ser constatado. No passado, roqueiros ou metaleiros só tinham acesso a dois ou três programas de televisão que mostravam seus ídolos: do *Rock in Concerto*, da década de 70, ao *Clip Clip*, da década de 80, o cenário nunca foi dos melhores. Com a chegada da MTV, os grupinhos se ligaram e adotaram posturas enviadas via satélite de Los Angeles, Dublin ou Tóquio. São boletins informativos exibidos de hora em hora, repletos de besteirinhas pop-rock, programas sobre comportamento e muitos clipes. (Trecho de matéria publicada no *Jornal do Commercio* pelo então iniciante cineasta Kleber Mendonça em novembro de 1993)

Bastava um adaptador UHF e em qualquer parte da cidade se captava a MTV. Sua programação foi decisiva para a formação da cena do Alto Zé do Pinho, onde suas imagens chegavam muito bem. Aqueles garotos do morro, que não tinham grana para adquirir os discos que os remediados mangueboys ouviam, pela MTV podiam estar antenados com o que de mais novo acontecia no momento. Até gravavam em cassete o áudio dos clipes.

Pouco antes de surgir o interesse da Sony Music, os mangueboys trabalhavam no formato de cooperativa e decidiram bancar uma coletânea manguebeat, que seria lançada às próprias custas. As músicas chegaram a ser gravadas, mas o projeto foi sustado depois que a cúpula da Sony Music, encabeçada pelo então presidente da empresa no Brasil, Roberto Augusto, esteve no Via Brasil para assistir a uma apresentação de CSNZ e bater martelo para a gravação do disco. Não tinha mais volta. Chico Science & Nação Zumbi fecharam com a Sony Music, outras gravadoras sondavam o Mundo Livre S/A, e seus olheiros iam ao mangue à procura de "gordos guaiamuns".

Entre 1991 e 1993, apareceram pelo menos seis dezenas de bandas apenas na região metropolitana da capital pernambucana. A cena recifense tornara-se a mais efervescente do país. Qualquer festival que acontecesse na cidade atraía enviados especiais de jornais do Sudeste e de outros estados que normalmente ignorariam o que acontecia em Pernambuco. O Abril Pro Rock recebia cobertura do *New York Times*. Numa noite do APR me embaracei tentando traduzir para o crítico norte-americano Ben Ratliff os versos, alguns fesceninos, de uma embolada de Caju & Castanha.

Para Chico Science, Jorge du Peixe, Toca Ogan, Gilmar Bola Oito, Canhoto, Gira, Alexandre Dengue e Lúcio Maia, não tinha mais volta. Science e Gilmar tinham de resolver suas situações com a Emprel, que não pagava tão bem, mas era uma empresa pública, tinha a garantia da estabilidade. Gilmar teve de enfrentar um dilema para acompanhar a banda ao Rio: demitir-se do emprego na empresa de processamento de dados da prefeitura.

> Chico continuou lá, com licença sem vencimento. Eu tinha entrado pela janela, e não podia fazer isso. Quando contei ao meu pai que ia trabalhar só com música foi um drama. "Mas meu filho, como você faz um negócio desses? Deixar um emprego público, seguro?" Chico falou que não iria mais precisar desse trabalho, que se continuasse ali iríamos acabar doidos. Eu contei pra meu pai que estava de licença por tempo indeterminado, e como ele era funcionário público entendeu.

A diversão levada a sério levou os mangueboys a mares que eles nunca imaginaram que um dia navegariam.

3

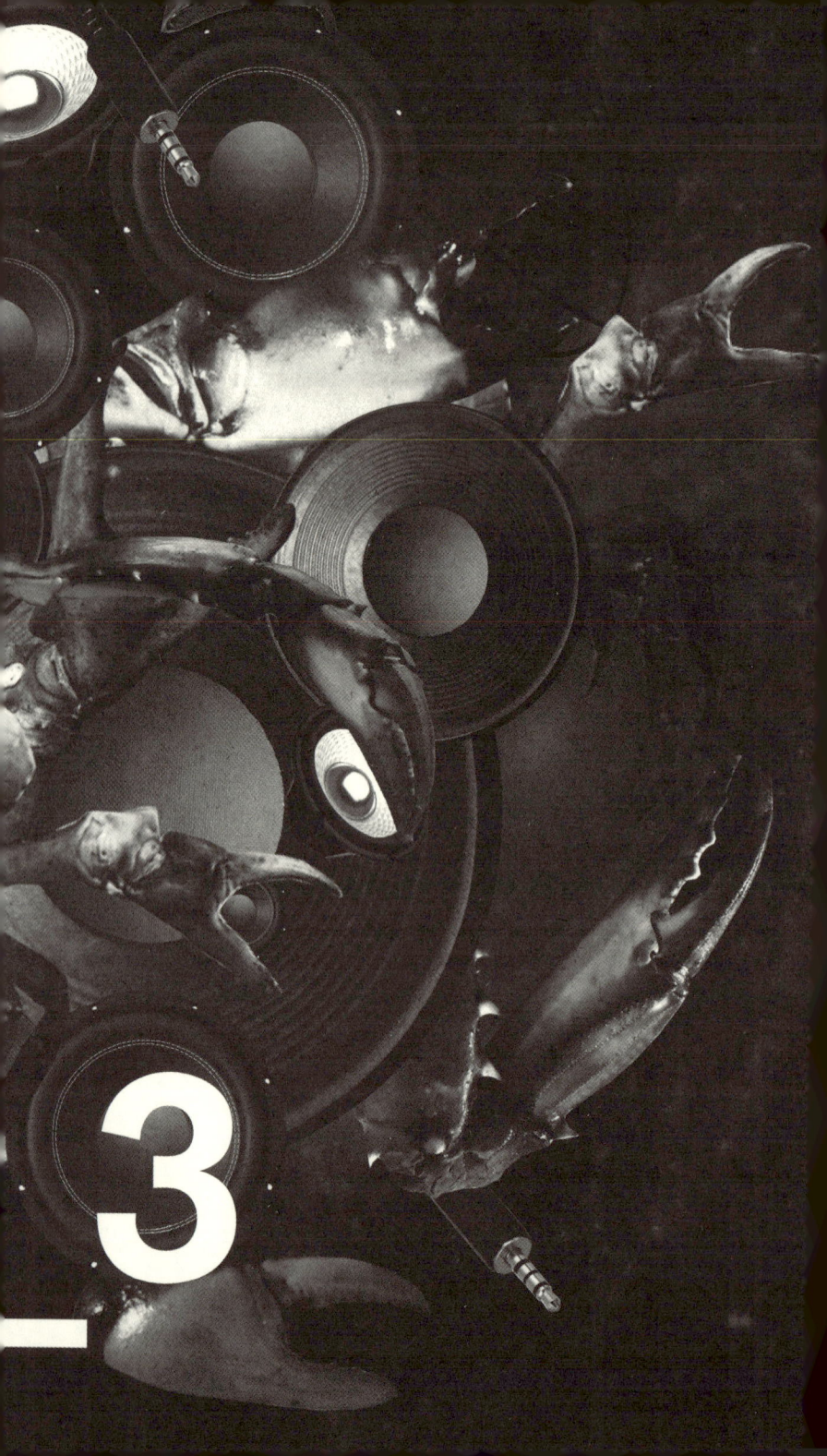

# O PAÍS DO MANGUEBEAT

Mangue não tem onda. Mas está formando uma marola musical que promete varrer o país. O sujo habitat do Recife está disseminando uma infecção cultural em forma de movimento. Chico Science & Nação Zumbi e Mundo Livre S/A são os mangueboys que, com uma parabólica fincada na lama, antropofagizam o que vem de fora e cavucam as raízes do maracatu. A Sony já fechou com Chico um disco a ser produzido por Arto Lindsay e disputa com a Warner o direito de lançar uma coletiva da cena. (Trecho de matéria de Pedro Só no *Jornal do Brasil* de 9 de julho de 1993)

Não apenas a imprensa tinha encontrado um assunto que demoraria a esgotar-se, como as gravadoras se alvoroçaram, embora de certa forma tenham se decepcionado quando conheceram a música do manguebeat. Constataram que não havia exatamente uma música mangue, muito menos o que procuravam, qual seja, um sucedâneo para a bem-sucedida axé music, de Salvador, no apogeu em 1993, espalhando carnavais fora de época pelo país. Os mangueboys eram o avesso da axé, apesar do flerte inicial com o samba-reggae do Lamento Negro.

A axé era basicamente uma nova música direcionada ao carnaval. Até então tinham repertório próprio para a folia apenas o Rio, com marchinhas e sambas, e o Recife, com frevo, maracatu e caboclinho (e outros gêneros menos conhecidos, feito o urso). De comum com o manguebeat, a axé tinha apenas o fato de não ser um gênero musical (assim como o tropicalismo também não foi). Embora o samba-reggae fosse tocado por quase todos os grupos e cantores de axé, não havia uma música axé, mas o coletivo axé music, rótulo criado pelo jornalista Hagamenon Brito, conhecido crítico de música da Bahia, adotado pela imprensa do resto do país e aceito pelas gravadoras, que fizeram de Salvador a nova meca da indústria fonográfica.

Paulo André Pires, empresário de CSNZ, conta que Chico Science recusou todos os convites que recebeu para participar de blocos de axé que vinham a Pernambuco tocar no Recifolia. Na semana pré-carnavalesca de 1997, ironicamente, Chico Science participaria pela primeira vez daquela micareta, porém como um enfrentamento à música baiana. O que mais incomodava no Recifolia aos que o desaprovavam nem era exatamente a frivolidade da axé, mas o fato de não ser música pernambucana. Chico sairia no bloco Na Pancada do Ganzá, idealizado por Antônio Nóbrega, músico alinhado à estética de Ariano Suassuna, que integrara o Quinteto Armorial. Contra o "invasor", pernambucanos de ideias opostas deram-se as mãos. Na Pancada do Ganzá não era mais um bloco carnavalesco, e sim uma agremiação que pretendia levar ritmos da cultura pernambucana e clássicos do carnaval de outras épocas à avenida beira-mar de Boa Viagem. Para brincar no bloco não se carecia de abadá, nem de proteção em cordões de isolamento.

## COMERCIAL

Mesmo não vendo muito potencial comercial na música de CSNZ, a gravadora contratou a banda e lhe disponibilizou o melhor que podia ser proporcionado por uma *major* em fase de vacas gordas. Naquele ano de 1994, a Associação Brasileira de Produtores de Discos (ABPD), conforme o seu então secretário João Carlos Müller Chaves, comemoraria 40% de crescimento nas vendas. Saltaria de 44 milhões de discos em 1993 para 62 milhões em 1994, estimando que os números chegassem a 80 milhões em 1995. Portanto, havia saldo suficiente em caixa para correr riscos. Tanto que, depois de Chico Science & Nação Zumbi, da cena pernambucana foram contratadas Coração Tribal (Virgin), Jorge Cabeleira e o Dia em que Seremos Todos Inúteis (Sony Music), Eddie (Roadrunner), Mundo Livre S/A (Banguela/Warner Music), Devotos do Ódio (BMG), Faces do Subúrbio (BMG), Querosene Jacaré (Paradoxx).

## NAS NUVENS

Considerado dotado da melhor acústica entre os estúdios brasileiros, o Nas Nuvens é uma parceria de Gilberto Gil com Arnolpho Lima Filho, o Liminha, ex-Baobás, ex-Mutantes, então um dos produtores mais requisitados do país. O estúdio foi construído pelo inglês John Sullivan, preferido por nove entre cada dez estrelas dos anos 1980 para montar seus estúdios privados. Sullivan dizia não se preocupar apenas com a sonoridade, mas também com o conforto, afinal os músicos passam dias enfurnados numa sala gravando, retocando gravações. O Nas Nuvens ainda hoje é bastante requisitado e é confortável, espaçoso. Fica num casarão com jardim, que pode se tornar uma espécie de *lounge*. Na noite em que estive lá, com a equipe do documentário *Caranguejo elétrico*, sobre Chico Science, a banda Legião Urbana, com nova formação, tinha acabado de ensaiar. Desci do estúdio para tomar um café na espaçosa cozinha/copa e, sentado no jardim, vi um sujeito alto, magro, muito branco, corte de cabelo à Beatles. Demorei em reconhecer Marcelo Bonfá.

O Nas Nuvens tem tantas histórias, foi visitado e frequentado por tantos nomes famosos, de todos os nichos da MPB e da música gringa, que ali um artista como Bonfá é como se fosse parte natural da paisagem. Quase todos deixaram o sinal de sua passagem por lá. As paredes ostentam rabiscos, assinaturas, desenhos dos muitos músicos que gravaram com Liminha. Jorge du Peixe, que tem inclinações às artes plásticas, deixou sua marca em vários desenhos, entre eles um vistoso Cristo Redentor com patolas de caranguejo.

Caso seja um dia desativado, como acontece com estúdios nos quais se fez história, o Nas Nuvens poderia se tornar um ponto turístico musical do Rio, assim como o Beco das Garrafas em Copacabana. Estúdios norte-americanos como o Muscle Shoals, no Alabama (onde gravaram alguns dos mais importantes nomes do soul dos anos 1960 e 1970), ou o Sun, em Memphis (onde começou Elvis Presley), são mecas de visitação de aficionados por música. Com o Nas Nuvens não seria diferente. Sobe-se a escada, as paredes laterais impregnadas de assinaturas, desenhos, rabiscos de ídolos do pop nacional, chega-se ao primeiro andar e vê-se uma galeria de discos de ouro e platina, premiações, e mais à frente o estúdio propriamente dito, onde trabalha Liminha.

A sala é relativamente reduzida, mas o suficiente para abrigar de vinte a trinta instrumentos, como guitarras de marcas variadas, contrabaixos, mandolins, no solo acarpetado, em suportes, pendurados nas paredes. Antes de ir ao Nas Nuvens, a gente tinha entrevistado a jornalista Lorena Calábria para o documentário. Ela nos contou que Liminha tinha tirado do arquivo a fita *master* do álbum de CSNZ e tocado para ela. Nossa intenção era que ele também tocasse para a gente.

Liminha tinha se ausentado. Enquanto não voltava, deu para dar uma boa observada, fotografar, anotar detalhes. Súbito chega ele. O rapaz aparentemente tímido, tocando um contrabaixo *plus size*, que se vê nas poucas imagens preservadas dos Mutantes, agora é um sessentão que cobre a calvície com um chapéu tipo fedora. A cabeleira se foi, o sotaque paulistano não. Permanece o mesmo depois de tantos anos no Rio. Liminha tem fama de introspectivo, meio ranzinza. Os músicos de CSNZ ficaram intimidados nos primeiros dias de gravação. Não bastasse a dimensão de grande produtor do rock nacional, Liminha não era de desperdiçar tempo de estúdio: "Espremi os garotos até o bagaço, mas no bom sentido. Eles nunca tinham entrado num estúdio de verdade", confessa. Mas os mangueboys contam que nos primeiros dias de trabalho já ficaram à vontade com o produtor. Conosco ele foi extremamente gentil, e paciente com a equipe do documentário.

Fazendo a ressalva de que nada poderia ser gravado da *master*, já que ela pertencia à Sony Music, ele se prontificou a tocá-la, dissecando-a, faixa por faixa, apontando as invenções de Science, que iam de frases como "dona Maria me dê um mói de coentro" ("mói" é corruptela de "mólho", do português de Portugal, um arcaísmo nordestino), assovios, sons de guitarra tirados da boca (reprocessados por Liminha), boa parte em "Coco dub".

Para inserir as invenções de Science, Liminha convidou o produtor mineiro Chico Neves, que fez intervenções em cinco faixas do disco, inserindo *samples* em "Rios, pontes & overdrives", "A cidade", "Samba makossa", "Antene-se" e "Coco dub (Afrociberdelia)". Ele guarda boas lembranças dos dias em que esteve com a banda e Liminha nas sessões de gravação do álbum de estreia de CSNZ:

> Com certeza Chico Science era o cabeça da banda, o conceito todo era seu, o mentor da estética. Me dei bem com ele, com todos. Lembro que faziam muitas brincadeiras, todo mundo descontraído, pareciam muito felizes por estar realizando aquilo, tipo um sonho mesmo se realizando da forma que desejavam. Claro, teve talvez algumas questões técnicas, mas só vi coisa boa, farras, o pessoal rindo, vendo vídeo.

Liminha ratifica o espírito brincalhão dos músicos, que puseram em prática no estúdio a arte da "greia" pernambucana: "Eles se zoavam o tempo todo. O Jorge fez um desenho do Lúcio como achavam que se parecia, a cabeça era um aparelho de televisão. Eram divertidos".

Chico Neves produzia discos desde o final da década de 1970 e foi por dez anos assistente de Liminha, participando da criação do estúdio Nas Nuvens. Nos anos 1990 e na década seguinte, ele se tornou um dos mais requisitados produtores do país. Quando foi convidado para "dar uma mãozinha" no processo de gravação do que seria *Da lama ao caos*, ele já conhecia o som de CSNZ, embora só de palco. Conta Chico Neves:

> Vi um show deles no Morro da Urca, o grupo não era ainda muito conhecido no Rio, a plateia era pequena. Naquelas sessões no Nas Nuvens fiz umas inserções, não lembro exatamente quais foram os elementos que a gente colocou. Me lembro de falas, trechos de músicas. Eu estava na verdade executando as ideias deles, fiquei operando as máquinas, fazendo aquilo se tornar realidade, naquele tempo era outra realidade, eram mais difíceis essas coisas.

No dia anterior ao da nossa rápida conversa, ele havia chegado de uma viagem ao exterior e teve de puxar pela memória de 25 anos atrás. Mas garantiu que gostou do resultado final do álbum:

> Artisticamente acho perfeito, tecnicamente alguma coisa poderia ser diferente. Lembro que teve algumas falas sobre o som dos tambores. Penso que eles esperavam dos tambores algo que não era a sonoridade do Liminha, o mesmo tipo de conceito. Talvez Chico não tenha reconhecido o instrumento da forma como ele sentia, mas essas coisas acontecem, fazem parte.

## ALFAIAS

A propósito do que comentou Chico Neves sobre os tambores, vale complementar. Os mangueboys começariam a gravar no dia 11 de outubro de 1993, mas a viagem para o Rio foi antecipada pela Sony Music, que pretendia ter a banda como atração da convenção anual da gravadora no dia 4. Embora o sucesso comercial ainda fosse uma incógnita, os executivos da multinacional viam o prestígio de CSNZ como um trunfo. Chico Science, depois do primeiro dia de trabalho no Nas Nuvens, comentou com o repórter Edmundo Barreiros, do *Jornal do Brasil*: "Com essa infraestrutura podemos realizar velhas ideias que não tínhamos condições de executar no Recife. O som que estamos tirando dos tambores, por exemplo, está muito bom". Depois de pronto e lançado o álbum, Science, no entanto, teceria críticas a Liminha em relação à captação do som das alfaias. Achava que a percussão poderia ter ficado mais forte, com o mesmo impacto que produzia ao vivo. O guitarrista Lúcio Maia, anos depois, contesta as críticas do amigo:

> Acho que a gente foi inconsequente, porque nem nós mesmos entendíamos exatamente o que queríamos no estúdio. Liminha foi muito importante e hoje tenho outra visão. Antes de Liminha pensamos em convidar Arto Lindsay, mais por causa daquela banda dele, em Nova York, a D.N.A. Mas acho que Arto também não teria entendido o som da banda. E quanto à percussão, a gente usava uns tambores meia-boca, baratos, que não ajudavam. Tem que ver que a gente era moleque de subúrbio, e com Liminha tivemos o maior aprendizado. Ele foi muito importante, ter trabalhado com ele foi uma maneira de enxergar melhor o processo de gravação. Tanto que no segundo disco a gente já estava produzindo com BiD.

Durante a gravação do álbum, o produtor concedeu entrevista ao jornalista Marcelo Pereira, do *Jornal do Commercio*, e confessou que estava encontrando dificuldades em gravar a percussão, os tambores principalmente: "É uma bateria desmembrada. Há um problema de fase muito grande. Ou o som fica muito junto, ou fica separado. Tem que encontrar o equilíbrio certo, para que os tambores soem bem pesados, como nos shows ao vivo".

Sem se referir diretamente às críticas, inclusive da imprensa, de que não teria gravado adequadamente a percussão de Chico Science & Nação Zumbi, Liminha, 25 anos depois, volta a comentar o assunto:

> Quando você abre um microfone bom, tem uma captação boa, o que é bom vem, mas o que é ruim vem também. As pessoas gostavam da performance deles ao vivo, não tem como ficar parado vendo a Nação tocar ao vivo. Mas no estúdio é outra história, quando tem de sair um som no alto-falante pequeno assim, tem de ser bem gravado. Os garotos foram mestres, eles se dedicaram de uma tal forma... É difícil, tinha a coisa das três alfaias, tocar aquilo certinho é complicado. Tinha guitarra, baixo, a coisa do andamento, gravei com eles como se fossem músicos que tivessem prática de estúdio. Ouvindo as sessões agora vejo como o resultado ficou bom, tanto é que é um disco de que o *New York Times* falou muito bem, David Byrne gosta. Foi um disco que está em todas as listas de melhores.

Liminha concentrou-se nos aspectos técnicos, sobretudo ao captar os sons dos tambores:

> No espectro de frequência não tinha nada brilhante, estridente, o que era legal no som deles, com exceção da caixa e do ganzá. Ao vivo você tem o auxílio visual, fica mais legal, quando estou mixando um DVD começo a olhar, depois fico fazendo sem imagem, começo a ver defeito. Na hora que bota imagem, 50% da sua atenção vai pra ela. Num show tem essa sensação. Esperava-se um som enorme, e na verdade as alfaias não têm. Estava falando com Kassin outro dia, que gravou a Nação recentemente, e

> ele falou: "Aquilo não tem muito som, tem som de nada". O pessoal falava pra Nação e Chico: "Que som das alfaias!". Mas ao vivo são os caras batendo com aquela força toda, aquela *mise-en-scène*, acaba dando impressão de que tem muito som. Eu disse: gente, o som delas tem um limite, o grave das alfaias vai até um certo ponto. Botava o som da bateria [eletrônica] 808, era muito mais grave do que o som das alfaias, eles ficavam meio injuriados. Dizia que as alfaias não tinham esse grave que eles queriam, tinha de somar com alguma coisa. Quando lidava com frequências graves, as três alfaias faziam a mesma figura, faziam variações. Quando batiam muito junto, às vezes podia dar um cancelamento, quando não estavam muito junto ficava uma *appoggiatura*, um som meio metralhado, que não somava. Era complicado gravar as alfaias.

Em algumas músicas (ele não se lembra mais quais) Liminha diz que pegou o melhor das alfaias: "mixava, ficava aquele sonzão, sampleava, colocava nas fitas, fazia um *loop*".

"Acho que o resultado ficou bem interessante. Fiquei chapado de ouvir a gravação novamente, porque tudo isso foi feito em fita de 24 canais. Hoje você tem o Pro Tools com centenas, e a gente resolveu tudo com 22 *tracks*." Na citada entrevista de 1993, Liminha, produtor de centenas de discos, dos mais variados artistas, reconhecia que gravar CSNZ seria um desafio. Se um estúdio feito o Nas Nuvens e um produtor profissional calejado feito Liminha eram uma novidade, para ele a banda pernambucana era um aprendizado: "Como não conheço os ritmos do Recife, aprendo muito com eles. É uma junção de *know-how*. Eu entro com a tecnologia, eles com o ritmo". Passados esses anos todos, Liminha ainda é visto como o produtor que amaciou o som das alfaias em *Da lama ao caos*. No verbete do disco na Wikipédia consta este comentário: "Liminha havia limpado o som do grupo, tendo frustrado alguns fãs, entusiastas da energia da banda ao vivo"[5].

A princípio a intenção era gravar dez músicas e talvez acrescentar mais duas que ainda não estavam terminadas. Chico sintetizou o que eram algumas das músicas do repertório: "'A cidade' mistura soul com maracatu, tem uma levada *groovy*, dançante, com baixos soltos", salientando-se que por maracatu ele queria dizer a atitude, já que, como foi assinalado, não tocavam o toque tradicional dos maracatus (até porque cada nação, embora soem parecidas, tem seu toque particular). Provavelmente chamava de maracatu pela dificuldade de explicar a diferença.

"A cidade" foi escolhida para ser o destaque do álbum. Era uma das mais antigas do repertório, recebera vários arranjos. Com a Nação Zumbi tinha um balanço irresistível, uma espécie de embolada, mas cadenciada, bem ritmada, com os tambores fazendo as vezes de um naipe de metais. Era a preferida do público que assistia aos primeiros shows de CSNZ no Recife, e era uma escolha natural para ser, como se dizia então, música de trabalho ou carro-chefe do disco. Como comenta Paulo André, empresário de CSNZ:

> Saiu o *single* e ninguém tocou. Ainda mais um *single* que tem uma introdução de pastoril, depois começam umas batidas que ninguém conhecia, tambores de maracatu, mas nem era maracatu. Inclusive em algumas músicas de *Da lama ao caos* as levadas são de Maureliano, Mau, que fez parte da primeiríssima

---

[5] Ver: <https://pt.wikipedia.org/wiki/Da_Lama_ao_Caos>. Acesso em: 14 mar. 2019.

formação da banda. Na novela *Tropicaliente*, feita no Ceará, entrou "A praieira". Eu brinco que "A praieira" é a balada do disco, mas é estranhíssima pra quem nunca viu ou ouviu a Nação Zumbi. Tocar na novela não alavancou as vendas do disco, pelo contrário. A galera do rock criticava, "que merda é essa?". "A cidade", acho que ninguém lembra, entrou na trilha de um *remake* de *Irmãos Coragem*. Vivo procurando o disco, nem sei se foi lançado.

Paulo André faz ressalvas também à capa de *Da lama ao caos*:

> A gente tá falando de venda de CD em loja de disco. Se você pensar num disco de prateleira de loja, de uma banda desconhecida, na capa o nome do grupo é diminuto, o caranguejo é conceitual, quando vira a capa fica ainda mais. A lista das músicas se confunde com a imagem do caranguejo, colorido. Quando ganhei o devido espaço na banda, disse a Chico que, se você pega o disco na loja, plastificado, você não vai saber que a banda usa tambores. A banda tem uma imagem muito forte que não foi usada.

CSNZ foi das primeiras bandas no Brasil, se não a primeira, a gravar por uma *major* e ter total controle sobre a embalagem do disco, sem recorrer, inclusive, ao departamento de arte da Sony Music. A capa foi inteiramente produzida no Recife, por fotógrafos e *designers* recifenses. Hélder Aragão, o DJ Dolores, que formava uma dupla de *designers* com o hoje cineasta e roteirista Hilton Lacerda, a Dolores & Morales, detalha a feitura dessa capa: "Nenhum de nós dizia que o manguebeat era um movimento, mas um coletivo, a gente trabalhava em cooperativa. Então a capa teria de ser feita aqui". Ele lembra como foi a primeira reunião com o pessoal do *marketing* da Sony:

> Eles chegaram à Imago, de Fred Jordão, trazendo umas capas de disco para servir de modelo. Uma delas era do Asa de Águia, uma que tem uma guitarra e uma pomba. Só que os meninos queriam uma coisa meio sombria. Fizemos um caranguejo em tons cinza. Os caras da Sony não gostaram, botei mais uma corzinha. A foto do caranguejo foi processada por computador. A ideia de usar tecnologia digital era uma forma de estar incluído no que acontecia de moderno no mundo. Não tinha nem como imprimir. Fomos à Ítalo Bianchi [agência de publicidade recifense], onde havia uma impressora que permitia a impressão. No *single*, a patola do caranguejo levantada, meio fálica[6], foi ideia de Hilton Lacerda.

O caranguejo que está na capa do disco foi trazido por Renato L, que comprou uma corda inteira de crustáceos e levou para a Imago. Era Renato também que atiçava o caranguejo para ele ser fotografado com a patola levantada. Fred Jordão, o autor da foto da capa e do encarte, também ri quando lembra da confusão que causaram entre o pessoal do *marketing* da Sony: "A referência que eles tinham era de música baiana. Uma das capas que trouxeram era de um disco de Angélica". Jordão revela que, apesar de toda a insistência dos mangueboys em manter o projeto original, no Rio o *marketing* da Sony acabou mexendo na arte:

---

6 Na capa do single, é na verdade um olho de caranguejo que aparece no fálico close. Ver: <http://bit.ly/dalamaaocaos-olho>. Acesso em: 12 mar. 2019 [N.E.]

> As fotos do encarte, por exemplo, foram distorcidas por computador, a capa tinha menos cores. O que ficou como capa foi um trabalho ruim, acho que foi de sacanagem. Tanto que depois, quando fizemos o trabalho do Mundo Livre, o pessoal da gravadora não aceitou. Curioso é que a revista da Gol, muito tempo depois, publicou uma matéria sobre as melhores capas do rock nacional, e *Da lama ao caos* está na lista.

DJ Dolores complementa: "A capa do disco foi feita a partir do *layout* que fizemos. Eles não usaram a arte-final"[7]. No caso da música pernambucana, isso era uma reincidência. Em 1974, sofreu a mesma interferência o Ave Sangria, banda do Recife lançada numa leva de discos de grupos do novo rock nacional (com Moto Perpétuo e Secos & Molhados, entre outros). A capa original foi desenhada pelo músico, depois cartunista premiadíssimo, Lailson (parceiro de Lula Côrtes em *Satwa*, de 1973, primeiro de uma série de discos independentes do udigrúdi setentista pernambucano). O desenho original de uma ave de rapina, espécie de carcará psicodélico, acabou sendo deixado de lado. Em seu lugar puseram uma ave que lembra um papagaio transformista.

Voltando à capa de *Da lama ao caos*, quisemos saber da corda de caranguejo trazida por Renato L: "Acabou numa caranguejada, com muita cerveja", conta Jordão. Ou seja, bem de acordo com o conceito mangue de diversão levada a sério.

Apesar de estar em dúvida sobre o sucesso comercial do grupo, a Sony encomendou um videoclipe de "A cidade", que foi rodado na região portuária

---

7 A primeira arte da capa de *Da lama ao caos* pode ser visualizada na internet, na página da exposição *Ocupação Chico Science*. Ver: <http://bit.ly/dalamaaocaos-capa>. Acesso: 12 mar. 2019. [N.E.]

de Suape, no local onde, alguns anos depois, seria construído um luxuoso *resort*. A direção foi de Guilherme Ramalho, da produtora Trattoria di Frame, que já havia dirigido clipes dos Titãs e trabalhava com a MTV. Segundo texto publicado no *Jornal do Commercio*, o custo de produção do vídeo ficaria em US$ 15 mil, com tomadas também no Recife. Quem assina a matéria sobre a gravação é o cineasta Kleber Mendonça, que começou a carreira fazendo clipes de bandas locais e curtas com trilhas de músicos pernambucanos. Ele é hoje internacionalmente conhecido por filmes badalados como O *som ao redor* (2013) e *Aquarius* (2016).

Chico Science & Nação Zumbi era, para usar um chavão, a cereja do bolo do manguebeat. Surgiram as comparações com o tropicalismo, aventava-se a possibilidade de finalmente a música brasileira voltar a ser tocada mundo afora, tão influente quanto foi a bossa nova. Durante as sessões de gravação no Nas Nuvens, muita gente conhecida foi conferir o som dos mangueboys. Frejat, Marina Lima, Lulu Santos, Paralamas do Sucesso: "Isto aqui virou um *point*, todo mundo vinha pra cá, ficou bem animado. Lembro de Lenine ter vindo, ele não conhecia ainda os garotos. Lembro que causou um impacto nele", recorda Liminha.

Mas os mangueboys formavam um grupo fechado, convictos de que se bastavam. A única participação especial no disco foi totalmente inusitada para Liminha: "Quando me disseram que André Jung estava vindo e trazendo um berimbau, perguntei a Chico se não seria melhor convidar um baiano. Mas ele tocou legal".

De fora da banda, o que queriam era um bom produtor, como conta Paulo André: "Pretendiam Bill Laswell produzindo o disco, e quem sabe tocando, além de Naná Vasconcelos, admiração geral pelo renome que conseguiu na gringa, tocando ritmos pernambucanos, até pregões das ruas do Recife, uma influência em Chico Science".

O empresário conta que fez ver a Chico que Bill Laswell estava fora de cogitação: "A Sony não toparia pagar um músico caro para passar pelo menos um mês no Brasil". No estúdio Nas Nuvens, só eles. Liminha, que geralmente tocava nos discos que produzia, não tocou nesse. Quase tocou num show da banda, quando o guitarrista Lúcio Maia foi acometido de papeira (ou caxumba, no Sudeste). Fred Zero Quatro, do Mundo Livre, foi o substituto de Maia nessa apresentação, numa mostra de quadrinhos no Centro Cultural Banco do Brasil, no Centro do Rio. Como comenta Paulo André:

> O disco já havia sido gravado, a banda voltou ao Recife, com exceção de Chico e Jorge du Peixe, que continuaram no Rio para definir a mixagem das músicas. A Sony chamou todo mundo de volta [para a apresentação no CCBB], gastou uma nota. Eu teria empregado melhor aquela grana.

## MANGUEGIRLS

Falando em participações, o manguebeat teve musas, mas as manguegirls tiveram pouca participação efetiva na produção. Uma das poucas exceções foi Stela Campos, paulista que chegou no Recife no início do movimento com a banda Lara Hanouska e se entrosou com os mangueboys. Levava o cassete do Funziona Senza Vapore (único trabalho do projeto paralelo do grupo Fellini), em que ela foi vocalista. O disco de 1992 seria lançado oficialmente em 2002. Chico Science incluiria uma de suas faixas, "Criança de domingo" (Ricardo Salvagni e Cadão Volpato), no álbum *Afrociberdelia* em CD (na edição em LP foi cortada). Numa entrevista que fiz com Chico Science, questionei a ausência de mulheres no manguebeat. Ele tergiversou, mas garantiu que estava cogitando incluir *backing vocals* femininos em algumas faixas do disco. Não incluiu. Além de Stela, pode-se citar Comadre Florzinha, grupo feminino do qual saíram as cantoras Isaar e Karina Buhr.

Gravações concluídas, Liminha levou o material para masterizar em Los Angeles. A banda voltou ao Recife e mostrou no segundo Abril Pro Rock o repertório do disco, que já havia sido lançado, mas que eles só viram na noite em que tocaram no festival, trazido pelo divulgador da Sony Music. Uma noite marcada pelo anúncio, por Paulo André, da morte de Kurt Cobain, do Nirvana. Logo em seguida ao APR, CSNZ viajou para o Rio para lançar oficialmente *Da lama ao caos*, com show no Circo Voador, aberto pelos mangueboys do Mundo Livre S/A e a banda mineira Virna Lisi. Além do repertório do álbum, o grupo acrescentou "Sophisticated Bitch", do Public Enemy, cantada por Jorge du Peixe, e "A hora e a vez do cabelo nascer", dos Mutantes, uma homenagem a Cobain, confessadamente fã do grupo, a quem elogiou quando tocou no Brasil, no Hollywood Rock de 1993.

O disco estava nas lojas, a sorte estava lançada. Os jornalistas, que tanta atenção deram ao manguebeat desde 1993, finalmente o tinham em mãos. No geral, houve mais elogios do que críticas negativas. No entanto, muita gente ainda queimava as pestanas para decodificar a mensagem, o que significavam as letras, e identificar tantos ritmos desconhecidos num mesmo disco.

Em entrevista a Antônio Carlos Miguel, de *O Globo*, Science denotava que esperavam do manguebeat talvez muito mais do que eles poderiam oferecer:

> Não é uma questão de um surto, não pretendemos que o Brasil adoeça com a febre do manguebeat. A gente não veio do nada, estamos trabalhando nisso há pelo menos quatro anos. Se assinamos com a Sony é porque nos foi dada a possibilidade de preservarmos nossos princípios. Não seremos a nova onda, mas o fortalecimento do nosso trabalho poderá melhorar a música em geral.

Não era falsa modéstia do mangueboy, que não fazia concessões para tornar transferível seu universo particular. Um ano depois de revelado ao país, o novo do Recife desnorteava os críticos. Como escreveu Antônio Augusto Sampaio, no jornal *A Tarde*, de Salvador:

> *Da lama ao caos* é um disco que ninguém antenado com o pop contemporâneo brasileiro pode ignorar, que não venha a gostar do que vai ouvir... Depois de Gil e Mautner vem por aí um novo maracatu atômico.

Curiosamente, "Maracatu atômico", lançada por Jorge Mautner e Gilberto Gil em 1974, seria gravada por CSNZ no álbum *Afrociberdelia*, provocando o primeiro atrito entre a Sony Music e o grupo, que não queria gravá-la.

Logo depois de gravar *Da lama ao caos*, CSNZ foram convidados a participar de um tributo a Roberto Carlos com outros nomes da sua geração. A banda provou-se intérprete que recriava a canção alheia, trazendo-a para o seu universo, como aconteceu com "Todos estão surdos", que ganhou versão antológica no álbum coletivo *Rei* (1994).

"A gente não abriu mão de nada para gravar a nossa música. Pode demorar um pouco, mas o importante é que estamos satisfeitos com o disco", comentou Chico na entrevista a Antônio Carlos Miguel, do jornal O *Globo*.

*Da lama ao caos* chegava para os jornais do país inteiro, despertando no mínimo curiosidade. Science repetia conceitos: "O símbolo do movimento é uma parabólica enfiada na lama como se fosse um satélite de baixa tecnologia, mas de longo alcance. 'Rios, pontes & overdrives', que enumera vários bairros do Recife, é um coco de zabumba com trechos de coco de roda".

_4

## A CIDADE, A PRAIEIRA, MANGUETOWN, RISOFLORA...

Em 1957, o maestro Nelson Ferreira (1902-1976) foi o campeão do carnaval brasileiro com "Evocação", um frevo de bloco cuja letra citava agremiações recifenses dos anos 1930 e famosos foliões da mesma década, de que nem os pernambucanos se lembravam mais. Isso não impediu que "Evocação" fosse a música mais cantada no carnaval do Rio, portanto do Brasil. No Recife, continua sendo sucesso até hoje, mesmo que a maioria dos que cantam não saibam quem foi Felinto, Pedro Salgado, Guilherme e Fenelon, personagens citados na letra.

Embora não tenha se igualado em sucesso popular àquele frevo, o álbum *Da lama ao caos* também tem letras com personagens e temas locais. Algumas imagens somente pessoas da intimidade de Chico Science são capazes de decifrar. Um bom exemplo são estes versos de "Manguetown", uma das canções mais conhecidas do álbum: "Fui no mangue catar lixo, pegar caranguejo, conversar com urubu", uma das letras mais confessionais de Chico. Nela canta seu bairro, a quinta etapa de Rio Doce, onde cresceu, a paisagem e os cheiros da viagem no busão Rio Doce/CDU, ou Casa Caiada/Candeias, este último bairro praiano em Jaboatão, curiosamente uma linha que liga dois polos do manguebeat. Em Candeias moravam, entre outros, Fred Zero Quatro, seus irmãos Fábio e Tony, Renato L e Bactéria (tecladista do Mundo Livre S/A).

A irmã mais velha de Science, Goretti França, conta que a rua em que ficava o prédio da família terminava num mangue. Com o tempo, os moradores passaram a jogar o lixo no manguezal, formando um monturo. Quando Chiquinho, com seus 10-12 anos de idade, ia pegar caranguejos para vender, vasculhava o lixo, a fim de ver se descolava alguma coisa interessante. Os urubus ficavam por ali, à procura de comida. O garoto conversava com os urubus, tirava onda com as aves. Chico sempre foi bastante espirituoso e brincalhão. Anos depois a imagem lhe volta e vira versos, inclusive da música que dá nome ao disco de estreia de CSNZ.

Nada nas letras de Science é aleatório, e muito vem de suas memórias afetivas. "Banditismo por uma questão de classe" tem uma das letras mais interessantes do álbum, e das mais herméticas para quem não vive ou não viveu na região metropolitana da capital pernambucana. Na letra são citados dois marginais lendários dos anos 1970, que estão para o recifense assim como Mineirinho, Cara de Cavalo e Lúcio Flávio para o imaginário do brasileiro nos anos 1960. Os bandidos Biu do Olho Verde e Galeguinho do Coque aterrorizaram o Grande Recife nos anos 1970, mais a Perna Cabeluda, esta última uma lenda urbana. Science teoriza sobre o marginal como vítima das contradições da sociedade, não apenas como bandido, pura e simplesmente, mas como jovem instado a cumprir esse papel pelas relações sociais, pela luta de classes, numa dialética marxista meio confusa que inclui também Lampião. Ecoa assim o "seja marginal, seja herói", de Hélio Oiticica, ao homenagear o bandido Cara de Cavalo em 1968.

O capitão Virgulino Ferreira da Silva, morto com parte de seu bando em 1938, continua um mito, assim como o cangaço, que aparece na música de Luiz Gonzaga, de Alceu Valença, de Lenine e de Chico Science – gerações diferentes, das quais apenas Gonzagão tinha nascido quando os cangaceiros cruzavam o sertão nordestino.

João Vicente Valentim Filho, o Biu do Olho Verde, tinha apenas 16 anos quando começou a aterrorizar Olinda, no final da década de 1970. Nascido em 1966, Chico Science contava com 10 anos de idade quando o bandido estava em ação. A especialização de Biu era o latrocínio. Garantia que não iria preso antes de cometer cem deles. Matava a vítima por estar com dinheiro e matava igualmente porque não tinha dinheiro. "Galeguinho do Coque não tinha medo / Não tinha, não tinha medo da Perna Cabeluda / Biu do Olho Verde fazia sexo / Fazia, fazia sexo com seu alicate", canta Science.

Biu e seu famoso e temido alicate. Quando abordava uma mulher e anunciava o assalto, dava-lhe a opção de um tiro ou um beliscão. O beliscão era, obviamente, o escolhido. Só que o beliscão era com um alicate no mamilo. Não se sabe se esse ato de crueldade chegou mesmo a ser perpetrado ou se foi inventado pela imprensa sensacionalista para incensar a lenda e vender jornais.

> Comenta-se em Rio Doce que o bandido agrediu a jovem Aurinete Maria de Jesus. Como castigo, porque ela não cedeu aos seus instintos bestiais, arrancou-lhe os bicos dos seios com alicate, e saiu se vangloriando, enquanto a moça

se contorcia em dores. (*Diário de Pernambuco*, 4 de setembro de 1977)

Como a área de atuação de Biu e seu bando era basicamente em Olinda, o garoto Chiquinho certamente escutou muitas histórias sobre ele, entre cujas façanhas está o latrocínio, esse comprovado, de um religioso, o frei Jorge Klage, prior do Mosteiro de São Bento. Por estar sem dinheiro, foi assassinado com um tiro no peito, que atingiu o pulmão. Mesmo sendo menor de idade, Biu, pela alta periculosidade, depois de várias fugas foi enviado para a Penitenciária Mourão Filho, onde passou 18 anos. Morreu em consequência de infecção pelo vírus HIV, em 16 de novembro de 1995. Certamente deve ter escutado seu nome cantado por Chico Science.

Já o Galeguinho do Coque, como está no apelido, saiu do Coque, comunidade carente à beira de um mangue na Ilha do Leite, entre a Zona Sul e o Centro da capital pernambucana. Era menos agressivo que Biu, mas nem por isso menos temido, e igualmente muito jovem. Quando se tornou famoso o suficiente para aparecer quase diariamente na imprensa estava com 19 anos. Astucioso, tentava forjar uma imagem de vítima da sociedade e fazia amizades dentro da própria polícia. Foi denunciado pelos jornais de participar, com policiais, de sessões de tortura contra outros presos. O próprio Galeguinho denunciou um policial federal da Paraíba como seu fornecedor de munição. Glamorizava seu *modus operandi*. Cometia delitos até a sexta-feira. No fim de semana, sempre bem acompanhado, viajava para capitais próximas e gastava em hotéis de luxo o que tinha roubado.

Fugia da prisão com frequência. Numa das vezes em que foi pego se converteu a uma igreja protestante, tendo pregado em templos e cadeias públicas com a finalidade de converter detentos. Sempre com uma Bíblia na mão, afirmava que queria ser conhecido pelo nome de batismo, José Everaldo Belo da Silva. Porém jamais se livrou do vulgo Galeguinho do Coque, e voltou a ser preso por crimes que iam de sedução de menor a assaltos. Foi fuzilado com dezenas de tiros em 5 de abril de 1983 em Jaboatão, cidade da região metropolitana do Recife.

Por fim, mas não menos importante, a Perna Cabeluda não é alcunha de mais um bandido perigoso. Era uma lenda urbana que fez muito pernambucano perder o sono na segunda metade dos anos 1970. A perna pertencia a alguém, provavelmente do sexo masculino, que a teve seccionada num acidente de trem. Não se sabe que fim levou o dono do membro, mas a hirsuta perna, sem mais nem menos, cismou de andar pelo Recife e cidades vizinhas, dando chutes, pontapés e rasteiras nas pessoas que tinham a infelicidade de cruzar com ela.

A invenção da perna deve-se a um jornalista, dizem que do *Diário de Pernambuco*, dizem que do *Diário da Noite*. O hoje celebrado romancista Raimundo Carrero conta que chegou à redação do *Diário de Pernambuco* com algumas cervejas a mais na cabeça e inventou uma matéria de página inteira sobre a Perna Cabeluda, o que contribuiu para alardear a assombração. Depois disso muita gente a viu, correu dela ou foi vítima de dolorosas pernadas. O "mal-assombro" andava esquecido quando foi incluído na música de Chico Science. Rolou então um *revival* com um documentário, *A Perna Cabeluda*, dirigido por Gil Vicente, Marcelo Gomes, Beto Normal e João Jr., do qual Chico Science e Fred Zero Quatro participaram. A assombração ganhou também uma revista em quadrinhos, cujo argumento foi assinado por André Balaio, vocalista da Paulo Francis Vai pro Céu, uma das bandas surgidas no auge do manguebeat, que tocou nas primeiras edições do Abril Pro Rock.

Science costumava abrir shows criando um clima, para surpreender com a explosão de tambores e da poderosa guitarra de Lúcio Maia. Incorporava um pregador ou orador, empostava a voz, falava pausadamente, sentindo a reação do público. Em gravações piratas há algumas dessas falas. Uma delas, no final de uma apresentação, foi intitulada aleatoriamente de "Improviso" e é do início do grupo, talvez ainda como Loustal, em que Science fala com fundo musical em levada de samba-reggae, provavelmente do Lamento Negro, já que o ritmo foi deixado aos poucos de ser tocado por CSNZ, e abandonado definitivamente depois que o som da banda foi formatado.

"Banditismo por uma questão de classe" é antecedida pela vinheta "Monólogo ao pé do ouvido" que, como diz o título, é um texto declamado por Science sem acompanhamento, meio confuso, misturando preceitos e frases feitas com citações de Sandino, Zapata, Antônio Conselheiro, Lampião e Zumbi, cada um deles revolucionário à sua maneira. Augusto César Sandino (1894-1934) foi um guerrilheiro nicaraguense que combateu as forças militares norte-americanas aquarteladas em seu país. Foi assassinado por Anastasio Somoza, que governaria a Nicarágua por quarenta anos até ser deposto em 1979 por um movimento inspirado em Sandino, a Frente Sandinista de Libertação Nacional. O mexicano Emiliano Zapata (1879-1919), um dos líderes da revolução mexicana de 1910, que derrubou a ditadura de Porfirio Díaz, foi assassinado aos 39 anos.

O cearense Antônio Vicente Mendes Maciel, o Conselheiro (1830-1897), é outro mito nordestino. Sua liderança na resistência do Arraial de Canudos, no interior baiano, e consequente derrota frente às forças federais, tornou-se um dos grandes momentos da literatura brasileira, na narrativa precisa do clássico *Os sertões*, de Euclides da Cunha

(1866-1909). O pernambucano Virgulino Ferreira da Silva (1898-1938), o Lampião, é presença recorrente na cultura nordestina, em literatura de cordel, teatro, cinema e música. Por fim, mas não menos importante, Zumbi dos Palmares (1655-1695), batizado Francisco e nascido onde hoje é a cidade alagoana de União dos Palmares, foi líder do mais famoso dos quilombos, o de Palmares. Zumbi foi morto e esquartejado e teve sua cabeça exibida, até ser completamente decomposta, no pátio da Basílica do Carmo, no Centro do Recife.

## OTTO

Otto Maximiliano retornou de uma temporada em Paris em meio à fermentação do manguebeat. Não sabia qual rumo tomar na vida. Na adolescência, pensou em ser jogador de futebol, chegou a ser da equipe de base do Náutico. Como é bem comum entre brasileiros no exterior, ele descolou uma grana na França como percussionista e, ao voltar ao Recife, a única certeza que tinha era que pretendia trabalhar com arte. Lembra Otto:

> Conheci Fred Zero Quatro na XFilme, produtora de Paulo Caldas e Juliana Carapeba. Andava com os meninos do cinema: Lírio Ferreira, Paulo, Marcelo Pinheiro, Sérgio Oliveira, Cláudio Assis. E eles eram amigos de uns caras da música. Assisti a um show de Chico na Galeria Joana d'Arc, no Pina, que funcionava onde existiu um colégio, e no início dos anos 1990 virou *point* de barzinhos descolados.

Convidado para criar um *jingle* para a campanha do mais tarde ministro e senador Humberto Costa (PT/PE), ele compôs o tema já instigado pelo show que viu na galeria. "Perguntei se Chico podia cantar.

Os caras da produtora chamaram Chico e literalmente nos trancaram em uma sala. Foi aí que nos conhecemos. Cantei a música pra ele, a letra toda, e ele ouviu e genialmente gravou o *jingle*." Não foi a primeira vez que Science cantou um *jingle*. Quando o pai disputou a vereança em Olinda, ele criou uma música, que gravou em fita cassete, e saiu dirigindo a Brasília de seu Francisco fazendo a propaganda eleitoral filial.

Otto fez uma embolada cujos versos são formados por nomes de bairros recifenses, misturando os da periferia com os de classe média nesse inusitado *city tour* pela capital pernambucana:

> É Macaxeira, Imbiribeira, é Bom Pastor, é o Ibura, Ipsep, Torreão, Casa Amarela / Boa Viagem, Genipapo, Bonifácio, Santo Amaro, Madalena, Boa Vista / Dois Irmãos, é Cais do Porto, é Caxangá, é Brasilit, é Beberibe / CDU, Capibaribe e o Centrão.

A embolada foi enxertada no meio de "Rios, pontes & overdrives", parceria de Chico Science com Fred Zero Quatro, o que causou um mal-estar entre eles e Otto, que não foi creditado na música. Ele gravaria a embolada no seu premiado álbum de estreia, *Samba pra burro* (1998): "Genial tudo isso, a música virou duas, no mangue é assim. Geramos criação e conectividade", contemporiza ele, que teve o privilégio de tocar no Lamento Negro, Chico Science & Nação Zumbi e Mundo Livre S/A.

"Rios, pontes & overdrives" tem letra que leva a várias interpretações, mas o verso "Por que no rio tem pato comendo lama?" não tem mistério. É uma imagem que ficou com Science de patos que via em Rio Doce procurando comida num dos rios de Olinda. É meio maculelê, meio embolada, e a faixa mais explicitamente mangue do disco:

> Por que no rio tem pato comendo lama? / Por que no rio tem pato comendo lama? / Rios, pontes e overdrives / Impressionantes esculturas de lama / Mangue, mangue, mangue, mangue, mangue, mangue, mangue / Rios, pontes e overdrives / Impressionantes esculturas de lama / Mangue, mangue, mangue, mangue, mangue, mangue, mangue.

É também a canção em que se sente com mais intensidade a influência do que Science entendeu do romance *Homens e caranguejos*, de Josué de Castro (que ele ainda não havia lido):

> E a lama come mocambo / E no mocambo tem molambo / E o molambo já voou / Caiu lá no calçamento / Bem no sol do meio-dia / O carro passou por cima e o molambo ficou lá / Molambo eu, molambo tu / Molambo eu, molambo tu.

Com exceção de alguns instrumentais, o repertório do álbum de estreia de CSNZ vinha sendo testado nos palcos havia pelo menos três anos, tanto que o disco foi concluído dentro do prazo previsto pela gravadora, o que não aconteceu no trabalho seguinte, *Afrociberdelia*. "A cidade", carro-chefe do álbum, foi um *hit* paroquial no Recife, bem antes de o grupo ganhar fama nacional. No entanto, tocou bem menos no rádio do que se imaginava, embora o videoclipe tenha entrado no programa *Fantástico*, da TV Globo. As emissoras do Rio e São Paulo aceitaram com mais facilidade a música. No Recife, o provincianismo fez com que algumas FMs não tocassem "A cidade", a música, pela rivalidade com a *Cidade*, a rádio, uma das FMs de maior audiência na capital pernambucana. Por sua vez, *Da lama ao caos*, inicialmente, foi um fracasso comercial. Mas Science estava confiante que o disco seria bem-aceito.

Eu o entrevistei logo depois da contratação pela Sony Music. Ele não parecia ansioso, continuava "tranqilo" (como pronunciava "tranquilo"):

> Eu não sei, é um tiro no escuro. Acho que vai ter uma receptividade muito grande. Tem público pra tudo. Vai ter gente que gostará pra caramba. Outras pessoas não se sintonizarão com esse tipo de som. Nos shows, quem assiste a Chico Science & Nação Zumbi e Mundo Livre S/A demonstra que está curtindo. Daqui a um tempo, essas pessoas poderão ouvir o disco em casa, já que nem fita demo nós chegamos a lançar oficialmente.

O que ele queria dizer é que a música que fazia não era de digestão fácil.

## MARACATU?

Como foi assinalado, não se tratava de maracatu, mas das ferramentas do maracatu para tocar estilos e gêneros diversos. Era como se Chico Science e os percussionistas da banda estivessem criando seu próprio toque de maracatu. Mas decididamente CSNZ não toca maracatu-canção, uma vertente do maracatu surgida nos anos 1930 no Recife, incentivada pela Federação Carnavalesca Pernambucana, então dirigida por um norte-americano, Joseph Pryor Fisch, com diretores de inclinações integralistas, que procuravam valorizar a cultura autóctone, mesmo sendo o maracatu um gênero afro.

Na verdade, estilizavam o maracatu, que teve em Capiba (Lourenço da Fonseca Barbosa, 1904--1997) um de seus principais autores. Uma cantora recifense, Nadja Maria, nos anos 1980, gravou um disco inteiro com maracatus de Capiba. O maracatu-canção é composto até os tempos atuais, mas raramente fez sucesso depois dos anos 1930. Os que continuam sendo tocados e regravados são "Coroa imperial" (1937), de Sebastião Lopes e Paulo Lopes, e "Braia dengosa" (1956), de Zé Dantas e Luiz Gonzaga. A geração de Chico Science não foi apresentada ao maracatu-canção, que raramente tocava no rádio e se limitava praticamente a disputas em festivais de música carnavalesca.

A música de *Da lama ao caos* não tinha paralelos na MPB, embora muitos críticos, sobretudo do Rio e São Paulo, procurassem precedentes em grupos como Picassos Falsos ou mesmo nos Paralamas do Sucesso, este pelo álbum *Selvagem* (1986). O trio foi influenciado pela badalação do rótulo *world music*, indo em busca da África ou da América Latina. A Chico Science interessava o funk setentista, nomes como Afrika Bambaataa & the Zulu Nation, e o rap hoje chamado *old school* (Public Enemy, Run-DMC, LL Cool J, naquela época *brand new school*). *Selvagem* é um disco antológico, mas Herbert Vianna, Bi Ribeiro e João Barone não dispunham de ambiente tão rico e propício às experiências sonoras como os mangues e canaviais pernambucanos.

Os dois tipos de maracatu são de regiões diferentes. O maracatu de baque solto, ou rural, concentra-se na Zona da Mata. O de baque virado, cujas origens remontam ao século XVII, é da periferia do Grande Recife e ligado à religiosidade africana. O maracatu de baque solto tem provavelmente a mesma origem dos grupos de índios do carnaval de New Orleans, que surgiram do encontro dos indígenas com escravos fugidos das *plantations*, que se refugiavam nas matas da Louisiana. Ambos, grupos de índios de New Orleans e de maracatu rural pernambucanos, são bem parecidos nas indumentárias que usam nos seus préstitos, os mesmos adornos de muitas plumas coloridas e miçangas brilhantes. Ao mesmo tempo que popularizou as alfaias, adotadas mundo afora, Science, ao usar gola e chapéu de caboclo de lança, popularizou o maracatu rural.

A instrumental "Salustiano Song", curiosamente, é a faixa do disco cuja percussão mais se aproxima do maracatu de baque virado, mas para homenagear um mestre do maracatu de baque solto, mestre Salustiano (Manuel Salustiano Soares, 1945-2008), do Maracatu Piaba de Ouro, também mestre de cavalo-marinho e rabeca. Ele se tornou famoso fora do universo da cultura popular depois da exposição que lhe foi dada pelo manguebeat. Seus filhos continuam a obra do pai, e o mais conhecido deles, Maciel Salu, empreendeu, como fez o grupo Mestre Ambrósio, a urbanização do cavalo-marinho, por influência do manguebeat, no grupo Chão & Chinelo. Porém, quem primeiro empregou canções do cavalo-marinho em disco de música popular, no início dos anos 1970, foi o citado Quinteto Violado.

## RISOFLORA?

Num papo na redação do *Jornal do Commercio* com o autor deste livro e Marcelo Pereira, também do caderno de cultura do *JC*, perguntei a Science se ele havia criado músicas novas para o disco que gravaria pela Sony Music, o futuro *Da lama ao caos*. Quis saber se fizera alguma mais melódica, acentuando que os *rappers* norte-americanos já começavam a se inclinar para a melodia.

> É preciso sempre estar renovando. No princípio uma das coisas mais fortes que tinha pra misturar era o funk e o rap, uma música que é bem mais falada e teatral. Nós somos feito o mangue, que está sempre renovando suas espécies. Com a gente ocorre o mesmo com os ritmos do Recife. Estamos tentando colocar mais

> melodia e procurando coisas novas. No disco vai ter músicas mais românticas, como "Risoflora". Estamos experimentando outras batidas e ritmos como caboclinho, maculelê, mas ainda não ficou legal porque, embora tenhamos assinado com a Sony, não superamos a dificuldade para ensaiar, não temos dinheiro sobrando para alugar estúdio. Tivemos primeiro que investir em equipamentos.

Pela primeira vez ele citava "Risoflora", nome que tomou emprestado a Risophora, espécie da flora dos mangues. É a única música romântica do álbum. Empregando a terminologia do mangue, ele conta a história de um sujeito que deu uns vacilos e foi abandonado pela amada, mas promete se regenerar. Uma canção de melodia sinuosa, de andamento complexo, de difícil interpretação.

Quando estivemos no Nas Nuvens entrevistando Liminha, ele tocou "Risoflora", só o *track* com a voz de Chico Science. Foi um episódio ao mesmo tempo engraçado e emocionante. Lula, filha de Science, que tinha 5 anos quando o pai morreu, acompanhou a equipe do documentário, fazendo uma imersão numa parte da vida de Science, contada por pessoas que conviveram com ele de alguma maneira. Liminha detalhava o processo de gravação do álbum, com ênfase para o papel de Science.

O produtor lembra que ele costumava assoviar a melodia quando ia botar voz, costumava brincar durante as gravações: "Ele chegava com uma sacola cheia de vinil. Como Paulo André, o produtor, era dono de uma loja de discos, os garotos eram muito bem informados. Chico mostrava o que desejava numa faixa, ou pedia pra samplear trechos, tinha muito isso". Liminha toca trechos de "Samba makossa" quando Lula entra na conversa: "Queria ouvir a voz dele em 'Risoflora'. Dá pra botar só a voz, por favor?". Ele olha para ela e retruca: "Não pode ficar mostrando assim, não". Lula insiste: "Pode sim, rapaz. Pra mim pode".

O produtor tenta disfarçar que está incomodado com a insistência, olha para ela e brinca: "Quer levar pra 'Risoflora' ouvir?". Risos. Lula já não pede, quase implora: "Deixa eu ouvir a voz dele, por favor". Ele aumenta o som, a equipe conversa, enquanto o produtor libera um pouco do vocal de "Risoflora" *a cappella*, e para: "Não pode liberar a voz de Chico assim, não". Lula diz alto: "Pode sim, preciso ouvir a voz dele. Ele é meu pai". Liminha olha para ela como se não tivesse escutado bem. Paira um clima de suspense no estúdio. A equipe se entreolha. Aí cai a ficha para o produtor: "Não! Você é filha de Chico Science?", exclama Liminha, aumentando o tom de voz. "Filha de Chico?" Os dois se abraçam, pinta um ensaio de choro geral. Liminha volta à mesa de som e diz que pra ela pode. Promete lhe mandar uma gravação da voz de Chico naquela canção, a preferida dela.

O estúdio fica em silêncio, ninguém se move. Fecho os olhos e é como se Chico estivesse naquele momento no aquário do estúdio botando a voz em "Risoflora": "Eu sou um caranguejo e estou de andada / Só por sua causa / Só por você, só por você / E quando estou contigo eu quero gostar / E quando estou um pouco mais junto eu quero te amar…". A afinação é impecável. A equipe demora um pouco a retomar o fôlego.

Com o passar do tempo, "Risoflora" tornou-se uma das faixas preferidas de *Da lama ao caos*, embora só tenha recebido uma regravação, por Elba Ramalho, no álbum *Do meu olhar pra fora* (2015). Science foi de muitas musas, várias se arvoram de inspiradora da letra. Passados tantos anos, há no Recife, e em outros estados, jovens batizadas de Risoflora. Mas quem seria a Risoflora que o caranguejo de andada procurava?

Ana Brandão, mãe de Lula, não se diz a inspiradora da canção, mas insinua que episódios do relacionamento dos dois estão na letra: "Demorou muito pra acontecer o namoro. Eu o via como um amigo. Era um cara muito legal, solícito, gentil, amigo", diz ela, que recusou o pedido de namoro feito por Science. Porém se arrependeu e ligou para Chiquinho (como ainda o trata) na hora do expediente dele na Emprel: "Daí vem uma situação que, talvez, ele tenha revelado na música 'Risoflora'. Ele ficou de ir à minha casa depois de uma apresentação, ali perto. Eu morava na rua do Bonfim, sítio histórico, ele me deixou na calçada esperando e não apareceu. Quando apareceu, dias depois, deu uma desculpa esfarrapada".

Porém, logo abaixo da reprodução do primeiro manifesto mangue, no encarte de *Da lama ao caos*, vêm os agradecimentos. O último nome citado: Maria "Risoflora" Duda, a jornalista pernambucana Maria Eduarda Belém, namorada de Science no início do manguebeat. Os dois eram vistos sempre juntos. Duda, que mora no Recife, inspirou vários dos poemas nos cadernos em que Chico escrevia compulsivamente (tive oportunidade de folhear alguns, e xerocar umas três ou quatro páginas, com permissão de Goretti França).

Voltando a Ana Brandão, no meio de uma entrevista com ela, jogo a provocação: seria ela a Risoflora? A resposta aventa a possibilidade de o mistério não ter sido revelado por completo: "Não. Mas ninguém vai saber quem é".

## A PRAIEIRA

A maioria dos que passam pela velha rua da Praia, no bairro de São José, região central do Recife, sabe pouco de sua história. Ali funcionava, na década de 1840, o jornal *Diário Novo*, que divulgava as ideias e catilinárias de um grupo que se insurgiu contra o governo estabelecido, sob o comando do general José Inácio de Abreu e Lima, movimento liberal e federalista, cujos insurretos foram chamados de praieiros, por causa da rua em que se localizava o jornal. Foi uma das muitas revoluções que eclodiram em Pernambuco, e a última de uma província durante o reinado do imperador D. Pedro II. Quase 150 anos mais tarde, "A praieira" daria nome a uma das faixas do disco *Da lama ao caos*.

Uma engenhosa utilização do nome de uma revolução pernambucana, ligando-a a uma ciranda, manifestação da cultura popular pernambucana, cuja dança emula o movimento das ondas do mar, e veio da Zona da Mata para o litoral, quando os engenhos foram se tornando de fogo morto e os agricultores mudaram-se para o litoral, como fez mestre Salustiano, que saiu da cidade de Aliança para morar em Olinda. Na praia, dançavam as cirandeiras mais célebres, Lia de Itamaracá na ilha que lhe dá seu nome artístico, ou Dona Duda, que comandava uma disputada ciranda na praia do Janga, em Paulista, no Grande Recife, no início dos anos 1970, quando o ritmo da moda era a ciranda, uma febre pernambucana.

Cirandas têm letras muito simples, bem-humoradas, e melodias singelas, geralmente com duas estrofes e um refrão. Segundo a mãe de Science, "A praieira" foi inspirada nas idas da família à praia. Antes de ir para Rio Doce, a família França morou em Paulista, onde aconteciam muitas rodas de ciranda nos anos 1970. Chico fez a letra em cima dos fins de semana e feriados com a família. O pessoal da Sony Music percebeu o potencial da canção e a incluiu em *Tropicaliente*, a novela global. Porém, não entendiam de ciranda. A novela, como já foi assinalado, foi rodada no Ceará, estado alheio ao gênero. Mas mesmo não alavancando vendagens, a novela fez de "A praieira" uma das faixas mais conhecidas do álbum de estreia de CSNZ.

## SAMBA MAKOSSA

"Makossa" significa "dança" em duala, uma das línguas faladas na República dos Camarões. O camaronês Manu Dibango, saxofonista e vibrafonista que tocou com músicos de vários países africanos nos anos 1970, fez mais ou menos o mesmo que Science nos anos 1990. Mesclou ritmos regionais com jazz e música cubana, num estilo híbrido que estourou mundo afora, em 1972, com o *hit* "Soul Makossa", um *groove* irresistível que influenciou Michael Jackson (em "Wanna Be Startin' Something") e, mais tarde, Chico Science, com "Samba makossa", uma de suas misturas mais engenhosas, em que questiona o que é realmente o samba.

Samba é a batucada dos baianos e baianas que se transferiram para o Rio depois da abolição oficial da escravidão, sacramentada com a assinatura da Lei Áurea, em 13 de maio de 1888. Mas o samba ter nascido na Bahia é um reducionismo. Evidentemente os africanos e seus descendentes que povoaram a Pequena África, na então capital federal, não emigraram apenas da Bahia. Vieram de vários estados nordestinos, e os batuques eram comuns a todas as províncias onde havia escravos. Foi, por exemplo, o recifense Hilário Jovino o criador do primeiro rancho do carnaval carioca, o embrião das escolas de samba. Se bem que chegou ao Rio vindo de Salvador. Mas quando trocou o Recife pela capital baiana já era adulto.

Samba é como se chamavam quase todos os batuques de negros, que obviamente se diferenciavam pela etnia dos africanos cativos. Mesmo no alto sertão do Nordeste, onde a incidência do trabalho escravo foi relativamente menor que na Zona da Mata e no litoral, chamava-se uma dança de "samba". O baião, criado por Luiz Gonzaga e Humberto Teixeira, era um samba, assim como era samba o coco, tanto do sertão quanto do litoral. Há um "samba de véio" entre quilombolas que vivem na ilha do Massangano, no rio São Francisco, próximo à cidade de Petrolina, no alto sertão pernambucano. Os maracatus de baque solto se reúnem para uma sambada.

Science entendeu isso antes de *Afrociberdelia*, que é um disco com as mais variadas vertentes do samba. Numa entrevista de Chico ao *site Trabalho Sujo*, Alexandre Matias lhe pergunta se dá para rotular o som dele como manguebeat. Ele responde:

> Dá como uma questão de identificação. Mas eu encaro como samba. O samba tem milhares de caras. De Jorge Ben ao Raça Negra, Paulinho da Viola, Gilberto Gil, maracatu, frevo, samba de roda, tudo no Brasil no fundo é samba... É uma espécie de pai musical do Brasil. Quase todos os gêneros musicais do Brasil devem alguma coisa ao samba.

Science voltaria ao ritmo em "Samba de lado", uma de suas músicas mais bem resolvidas. O samba na letra tanto pode ser o gênero musical quanto o posicionamento político. Numa das edições do PercPan, o festival de percussão que ainda acontece em Salvador, hoje com menor repercussão, "Samba de lado" recebeu uma extraordinária versão de Gilberto Gil e Naná Vasconcelos (que permanece inédita em disco).

Science seria mais objetivo sobre sua visão particular do que era samba em entrevista que nos foi concedida no lançamento de *Afrociberdelia*:

> É muito uma releitura do samba, mostrando a possibilidade de ramificar a música brasileira, pegando influência de fora. A gente revisita o samba, que é uma coisa africana que se espalhou pelo Brasil, numa concepção mais ampla; tem o samba de maracatu, de caboclinho, de cavalo-marinho, do morro, do bumba-meu-boi, com elementos árabes, holandeses, de índios, espanhóis, de toda a miscigenação brasileira. No disco tem essa parte de *groove*, parte mais viajada, melódica.

Voltando ao "Samba makossa", que entrou nos repertórios de Charlie Brown Jr. e Planet Hemp, Science veria seu ídolo camaronês ao vivo, no festival Sfinks, na Bélgica, na primeira turnê que o grupo fez no exterior. Em "Samba makossa" há um trecho sampleado de um solo de sax de Manu Dibango.

Por todo o álbum *Da lama ao caos* detectam-se muitas influências e citações. Na canção que dá título ao disco, por exemplo, o "caos" vem das conversas sobre a teoria do caos, efeito borboleta e Josué de Castro. Nos versos "E um caranguejo andando pro Sul / Saiu do mangue, virou gabiru", Chico talvez se referisse ao projeto *Homem-gabiru – catalogação de uma espécie*, de Tarciana Portella, Daniel Aamot e Zélito Passavante, uma concorrida exposição de textos e fotografias que aconteceu no Mamam (Museu de Arte Moderna Aloisio Magalhães), do Recife, na época em que o mangue-beat estava sendo fermentado. Na música, Science canta um rap e emenda com uma embolada com um pouco de duplo sentido, próprio dos "véios" de pastoril profano.

## MARACATU DE TIRO CERTEIRO

"Maracatu de tiro certeiro", de Science e Jorge du Peixe, traz a ficção do italiano Hugo Pratt (criador do personagem Corto Maltese) para a cultura popular pernambucana. Começa em levada de maculelê (com um berimbau tocado por André Jungmann, do Ira!, irmão do político pernambucano Raul Jungmann). Chico entra discursivo com "Urubuservando a situação / Uma carraspana na putrefação / A lama chega até o meio da canela / O mangue tá afundando / E não nos dá mais trela", aí irrompem guitarra, contrabaixo e a percussão pesada herdada do Lamento Negro e incrementada pela Nação Zumbi.

O videoclipe de "Maracatu de tiro certeiro", filmado em Suape e numa favela em Boa Viagem, é permeado pela violência (também presente no clipe de "Da lama ao caos") e comprime em seus 4 minutos e 22 segundos caboclos de lança do maracatu rural e citação ao Galeguinho do Coque, que por algum tempo andou pregando com uma Bíblia na mão e um revólver no bolso. O célebre bandido recifense é incorporado por um Chico Science de terno e gravata com uma Bíblia, pregando nas ruas da cidade. O homem que é morto durante uma partida de dominó é o ator Aramis Trindade. A música continua impactante.

"Antene-se" é um funk em que a guitarra de Lúcio Maia dialoga o tempo todo com o baixo de Dengue e a percussão. Foi uma das últimas composições feitas para o álbum. Não soa muito convincente, com um excesso de elementos do glossário do manguebeat na letra e o coro de "sou, sou mangueboy", que não havia sido ainda utilizado em outras canções da banda.

## COMPUTADORES FAZEM ARTE

"Computadores fazem arte", de Fred Zero Quatro, é quase uma vinheta, melodiosa e de letra curta (foi gravada no segundo disco do Mundo Livre S/A, *Guentando a ôia*, de 1996). A música foi incluída entre dois temas instrumentais, "Lixo do mangue" e "Coco dub".

A primeira é a faixa mais pesada do álbum, com a guitarra na pedaleira, como um maracatu rural thrash metal. Já a segunda foi uma das mais trabalhadas do álbum, com Science enxertando sons feitos com a boca, frases que deve ter escutado de meninos de rua ("Dona Maria, tô com fome" ou "Dona Maria, me dê um mói de coentro") e um *riff* "lengolengodengo lengodenguelengodau". "Era uma criação meio coletiva, chegou pronta, não sei como é que foi lá, quando estavam ensaiando", comenta Liminha, que conseguiu misturar essas invenções de Science e liquidificá-las com os instrumentos da banda.

De certo modo, "Coco dub" sintetiza e define o som de CSNZ: música regional, com *world music*, rock, rap, funk, cibernética e psicodelia, resumindo "Afrociberdelia", o subtítulo da música, que deu nome ao segundo disco da banda.

_5

# FROM MUD TO CHAOS

> Olha o manguebeat aí, gente! Mais aguardado do que o real [o Plano Real foi lançado em 27 de fevereiro de 1994], disco de Chico Science & Nação Zumbi não decepciona na estreia, com uma poesia vigorosa e uma batida virulenta. As guitarras uivam um pouco alto demais, ocultando por vezes o baticum dos zumbis, questões que podem ser resolvidas sem alterar a forma da banda. O Chico é que poderia dar uma melhorada no vocal, mas vale conferir. (Crítica de *Da lama ao caos*, de Maurício Valadares, no *Jornal do Brasil*)

Essa crítica encabeça a avaliação do disco analisado por mais seis jornalistas do Caderno B (pontuação em estrelas, de uma a cinco). A melhor avaliação é de Jamari França, com quatro estrelas. Dois deles atribuíram uma estrela ao álbum (Apoenan Rodrigues e Lula Branco Martins), dois deram-lhe três (Tárik de Souza e Edmundo Barreiros) e um, duas estrelas (Marcus Veras). Uma boa média, de regular a ótimo. À guisa de curiosidade, os críticos do *JB* avaliaram cinco discos naquela edição e atribuíram mais estrelas ao de CSNZ (o quarto LP do Soundgarden, por exemplo, só chegou a dois "bom"; a maioria conferiu-lhe uma estrela, ou "regular").

Não foi decididamente um disco fácil, seria assimilado lentamente. A música de Chico Science & Nação Zumbi rompia com os modelos estabelecidos da MPB. Não há nela nem resquícios da bossa nova, tampouco do tropicalismo, movimentos que em 2018 completaram 60 e 50 anos, respectivamente, e que tiveram o poder de desviar a MPB do seu curso. Abrindo um parêntese nesta narrativa, lembremos o movimento udigrúdi pernambucano dos anos 1970, de uma liberdade de criação que não teve paralelo no país até então, nem mesmo na Tropicália, o que foi possível por uma conjuntura favorável. Desviemos o curso da narrativa para um resumo desse quase movimento.

Entre 1973 e 1976, lançou-se no Recife uma série de álbuns que não teriam existido caso aqueles músicos tivessem laços com gravadoras. *Satwa* (1973), de Lailson e Lula Côrtes, *Marconi Notaro no sub reino dos metazoários* (1973), de Marconi Notaro, *Paêbirú – O caminho da montanha do Sol* (1975), de Lula Côrtes e Zé Ramalho, *Flaviola e o Bando do Sol* (1976), de Flaviola. Todos são independentes, bancados pelos próprios músicos. O três últimos estampam o selo Abrakadabra, criado, com Lula Côrtes, pela hoje cineasta Kátia Mesel. O primeiro foi totalmente custeado pelos dois músicos e gravado *ad lib*, com participação de Robertinho do Recife em uma faixa.

Só foram possíveis graças às dificuldades financeiras da Fábrica de Discos Rozenblit, a primeira e única grande gravadora do Norte e Nordeste, com gráfica bem equipada, estúdios modernos (pelo menos até os anos 1960) e fábrica de discos. Fundada em 1953, a Rozenblit, instalada num bairro apropriadamente chamado Afogados, sofreu imensos prejuízos com inundações do rio Capibaribe (a primeira em 1966, a segunda em 1970) e entrou em decadência. Os artistas pernambucanos dispunham, pois, de uma gravadora sem que tivessem contrato com ela. Gravaram o que lhes veio à cabeça, com amplas horas de um estúdio ocioso. Coincidiu de serem também talentosos.

Claro, foram ignorados pelas emissoras de rádio da conservadora capital pernambucana da década de 1970, e ficaram desconhecidos pela imprensa do resto do país. *Paêbirú* é um álbum duplo, com encarte de cinco páginas em policromia (um luxo para a época). Por pouco não se perde a edição inteira, levada pelas águas do Capibaribe, na maior de suas inundações periódicas, a de 1975, que deixou boa parte do Recife submerso. Escaparam cerca de trezentos álbuns, considerados dos mais raros da música brasileira.

Todos esses álbuns foram relançados nos EUA e na Europa, mas permanecem fora de catálogo no Brasil. O udigrúdi pernambucano manteve uma pequena aproximação com o manguebeat. Lula Côrtes participou do primeiro Abril Pro Rock e de outros eventos na época, enquanto a banda Jorge Cabeleira e o Dia em que Seremos Todos Inúteis assumiu essa influência no disco de estreia, de 1995, em que gravaram "Os segredos de Sumé", faixa de *Paêbirú*.

*Da lama ao caos*, assim como os discos do udigrúdi setentista, teve melhor acolhida no exterior. Foi o primeiro álbum de uma banda nacional iniciante lançado nos principais mercados externos, EUA, Europa e Japão, como lembra Paulo André:

> Nenhum outro artista brasileiro até então havia conseguido lançar seu disco de estreia no exterior, como aconteceu com Chico Science. Quando a gente esteve em Nova York, para aquele show no Central Park, fizemos outras apresentações, no SOB (Sounds of Brazil), no JVC Jazz Festival. No CBGB[8], a gente estava na calçada, de repente chega David Byrne, com a namorada, de bicicleta, para ver o show. Depois, eu, Gilmar, Chico e Toca tivemos uma reunião com ele, e Byrne queria lançar *Da lama ao caos* pelo selo dele, o Luaka Bop. Seria legal lançar com ele, mas a Sony antecipou-se e lançou o disco lá fora, na América do Norte, Japão, Europa.

A abertura para o exterior começou em Salvador, na já citada participação do grupo no Fest in Bahia, realizado logo depois que Paulo André passou a trabalhar com CSNZ:

> No Fest in Bahia, em agosto de 1994, a gente conheceu os americanos, a colunista de *world music* da *Rolling Stone*, Daisann McLane, Sean Barlow, do Afropop, e um cara da revista *The Beat*, Mario Lipp. Inclusive naquela noite voltou todo mundo num mesmo ônibus, Gabriel O Pensador, os Wailers e uma banda de axé, não lembro o nome. O pessoal da Nação começou a batucar, e os caras dos Wailers reclamaram. Na hora de descer eu disse a Tyrone Downie, o tecladista, que a banda era de Chico Science. Quando ele escutou o nome, surpreendeu-se e quis conhecer Chico. Ficaram *brothers*, trocaram ideias, Chico deu um disco do Velho Faceta a ele.

---

8 O CBGB & OMFUG (Country, Bluegrass, Blues and Other Music For Uplifting Gormandizers), que funcionou de 1973 a 2006 no East Village, em Manhattan, foi palco das primeiras apresentações de punk rock nos EUA. [N.E.]

É aqui que o acaso, a teoria do caos, funciona para CSNZ. Se o empresário não fosse fluente em inglês talvez o grupo não tivesse feito uma turnê internacional quando *Da lama ao caos* ainda estava longe de ser digerido no Brasil. O citado Sean Barlow passou a Paulo André contatos dos principais festivais europeus. Correndo por fora da divulgação oficial da Sony Music, ele tratou de enviar discos para os endereços que lhe foram passados.

Enquanto isso a banda começava a circular pelo Brasil. Participou de festivais badalados, como o M2000, em 1994, que aconteceu em Santos (SP) e no Rio, com nomes então em evidência na *world music*: Shabba Ranks, Chaka Demus & Pliers, Inner Circle, mais Gabriel O Pensador e Cidade Negra. No Rio, o festival foi palco de arrastões e muita confusão: "O morro desceu e quebrou o pau na beira da praia, uma selvageria. No outro dia, o M2000 abriu o *Jornal Nacional*. Felizmente não foi no show de Chico, que foi o primeiro, de apenas meia hora", conta Paulo André.

Do dia 15 de abril de 1994 (quando *Da lama ao caos* foi lançado no Circo Voador, no Rio) até a turnê, CSNZ tocara nos principais palcos do país e fez do Recife a capital do novo rock brasileiro. Os principais nomes dos anos 1990 apareceram para o país tocando no Abril Pro Rock, para onde estava focada a imprensa nacional e estrangeira, o que contribuiu para que o grupo se tornasse conhecido no exterior (claro que para um público restrito).

Mesmo sem terem vindo ao Recife, jornalistas importantes, a exemplo de Jon Pareles, editor de música do *New York Times*, que incluiu *Da lama ao caos* na sua lista dos dez melhores discos do ano (ao lado de Elastica, Tricky, Foo Fighters e P.J. Harvey), escreveram matérias elogiosas sobre o manguebeat em geral, e sobre CSNZ em particular. Ressalte-se que, até meados dos anos 1990, o interesse da imprensa pela música brasileira pós-bossa nova no exterior era muito restrito, sobretudo para músicos que residiam no Brasil. Caetano Veloso, por exemplo, somente passou a interessar os norte-americanos, que reconheceram seu imenso talento, a partir do álbum *Caetano*, lançado pela Nonesuch em 1986.

O português sem dúvida era um empecilho. Até início dos anos 1990, os brasileiros mais requisitados nos EUA tocavam percussão. O carioca Dom Um Romão, o pernambucano Naná Vasconcelos e o catarinense Airto Moreira eram os que mais transitavam pelas altas esferas do jazz e do rock. Depois vieram, entre outros, Paulinho da Costa e Laudir de Oliveira (mais lembrado por ter participado do grupo Chicago).

## FROM MUD TO CHAOS TOUR

Portanto, a turnê internacional da iniciante Chico Science & Nação Zumbi foi noticiada pelos principais jornais do país e publicações especializadas. Ao contrário do que normalmente acontecia com as eventuais turnês de brasileiros ao Primeiro Mundo, geralmente para tocar para brasileiros saudosos, os pernambucanos estavam agendados em festivais importantes da Europa, e em Nova York no Central Park SummerStage e no lendário CBGB, palco do punk e da new wave nova-iorquina. Saliente-se que CSNZ foi beneficiado pela nova conjuntura mundial do mercado musical, que abriu as portas para a *world music*. Esclarece Paulo André:

> Uma das primeiras respostas que recebemos foi do Sfinks Festival, perguntando se a gente tinha planos de fazer turnê pela Europa. Esse contato nos levou até Zjakk Willems, de uma rádio na Bélgica, e também ao World Music Charts Europe. *Da lama ao caos* figurou nas

paradas de *world music* europeias em fevereiro e março de 1995, o que facilitou para que conseguíssemos vender shows. Com a ajuda do governo do estado, um pouco da Sony Music Brasil, e também com algum dinheiro da banda, conseguimos viabilizar aquilo que desejávamos tanto: entrar no mercado internacional. A turnê foi chamada From Mud to Chaos, a tradução do título do álbum de estreia da banda, que foi lançado na Suíça, Bélgica, Alemanha, EUA e Japão pela Sony.

Era a hora de encarar o pessoal da Sony Music, que decidira incrementar a divulgação do álbum no Brasil. Paulo André confessa que foi um momento melindroso:

> Quando disse a Alice Frejat, da divulgação da Sony, que ia rolar a turnê, ela foi enfática: a gravadora trabalhava com resultados. Se não vende, não vai ter segundo disco. Eu disse que entendia. Ninguém queria vender mais disco do que eu e a banda, mas recusar convites para tocar no SummerStage, no festival de Montreux, no Sfinks na Bélgica, tocar nos Estados Unidos, na Europa, em festivais que acho importantes, não dava. Não podia jogar uma turnê dessa fora. Acrescentei que a banda também estava decepcionada porque o Brasil não estava preparado para ela e aquela turnê seria uma injeção de autoestima no grupo.

Da mesma forma que o disco teve edições quase simultâneas em outros países, Paulo André conta como a banda conseguiu uma meteórica aceitação no circuito internacional:

> A primeira turnê durou de julho a agosto, fizemos 31 shows por cinco países, e não tocávamos

para brasileiros. Lembro que, quando fizemos Montreux, tocamos com The Specials, uma das bandas que influenciaram Chico, e a Ohio Players, de que ele gostava muito. Noutro palco estava rolando a noite brasileira, com Timbalada, Gal Costa e acho que João Bosco. Foi aí que aconteceu a invasão da Timbalada. Os caras tinham feito o show deles, e vieram para o da gente e, literalmente, invadiram o palco, na marra, sem que a Nação Zumbi quisesse.

O SummerStage Festival uniu duas gerações de desbravadores da MPB, Chico Science e Gilberto Gil. Este último sugeriu à produção do festival que o colocasse com os pernambucanos. Aos 53 anos, com trinta anos de carreira, Gil ainda precisava ser apresentado ao público norte-americano, como fez o repórter Neil Strauss, do *New York Times*, em 20 de junho de 1995. Depois de apresentar os dois músicos, Strauss fecha assim a matéria: "Chico Science & Nação Zumbi pode desenvolver o que somente um seleto grupo de músicos, incluindo Mr. Gil, conseguiu fazer: criar um híbrido capaz de se tornar um estilo que um dia será misturado por novas gerações que criarão um novo estilo híbrido".

Daisann McLane, no *Village Voice*, cobrindo a mesma apresentação no SummerStage, escreveu:

> Minha primeira reação ao escutar o denso bate-cabeça intelectual da estreia de Chico Science & Nação Zumbi, *Da lama ao caos*, foi começar a poupar dinheiro para viajar até o Recife, Brasil, metrópole de 1,3 milhão de habitantes, situada a nor-nordeste da Bahia. Recife é a quarta pior cidade do mundo, segundo dados do U.S. Institute of Population Studies, tem o maior índice de desemprego do Brasil e ainda está por ser descoberta por Paul Simon. A cidade é (eu seria

tentada a dizer "obviamente") o epicentro do mais ousado e novo movimento musical brasileiro desde que Gil e Veloso fizeram a Tropicália: o manguebeat.

Enquanto isso os mangueboys, pouco antes da primeira viagem (até então nem sonhada), estavam inquietos: "Quero voltar com a cabeça mais aberta, mais antenado com as coisas que estão acontecendo, quero ir a shows, principalmente na Alemanha, onde a cena de rock é bem interessante", disse Chico Science a Antonina Lemos, da *Folha de S.Paulo*, às vésperas da primeira turnê internacional, que foi uma espécie de pós-graduação para a banda. Para alguns dos integrantes de CSNZ, que moravam em Peixinhos, numa das áreas mais carentes da região metropolitana da capital pernambucana, nem tinha essa de "cair a ficha". Canhoto, o mais jovem da banda, estava com 16 anos, não fazia muita ideia do que era viajar para Amsterdã, Berlim ou Nova York. Contam que quando ele soube da viagem comentou: "Que coisa boa, eu sempre quis conhecer o Paraguai". Canhoto voltaria para o Brasil abalado. Nova York, Paris, Berlim, uma atrás da outra, foi um choque cultural muito forte, de que ele demorou a se recuperar. O empresário viu-se obrigado a substituí-lo por Pupillo, que aos poucos foi introduzindo a bateria na sonoridade da banda. Lembra Canhoto:

> Foi tudo muito rápido para mim. Eu estava com 16 anos, não conhecia o mundão. Não sabia o idioma. Aquilo mexeu comigo. Eu me sentia em outro planeta. Eles contestaram umas coisas que eu fiz. Realmente passei a me comportar diferente, mas precisavam ver que eu era um garoto, não tinha os mesmos conhecimentos, ficou difícil acompanhar os outros.

Canhoto conta isso anos depois, em entrevista ao autor deste livro, sem no entanto destilar rancor contra o empresário ou os antigos companheiros de banda. Ele se casou com uma espanhola e mora nas Ilhas Canárias.

Paulo André completa:

> Se você ouvir *Afrociberdelia* nota logo que tem muita influência do que eles viram e ouviram na Europa. Passaram-se quase dois anos entre um disco e outro. No dia em que fizemos o último show em Berlim, o alemão Christoph Borkowsky, da Piranha Records, um dos criadores da Womex (World Music Exposition), chegou pra mim e disse: "Você é um jovem empreendedor, estamos fazendo mais uma edição da Womex, aproveite o dinheirinho que ganhou aqui e venha, que você vai ampliar seu *network*". Eu tinha com Chico uma relação que não era só de produtor e músico. Ele me disse que eu iria de qualquer jeito. Fui mesmo, com o dinheiro contado. Mas fiz muitos contatos importantes.

*Afrociberdelia* foi mais elogiado que *Da lama ao caos*, e aos que continuavam lamentando a pouca potência dos tambores no disco vale lembrar que o segundo álbum já conta com a bateria de Pupillo, o que equilibra as frequências graves e agudas da percussão. O próprio Lúcio Maia admite gostar mais do resultado do disco de estreia: "Acho que *Da lama ao caos* é um grande álbum, melhor do que *Afrociberdelia*, porque Chico, eu, Jorge, Gilmar, todo mundo teve o tempo de uma vida inteira para pensar nele".

Credite-se também a essa meteórica conquista de um nicho no mercado externo por CSNZ a abertura para a música do Terceiro Mundo, englobada sob o rótulo de *world music* (de espectro bem mais amplo, pois poderia incluir folk escocês ou a música norte-americana da região dos Apalaches). Numa época em que a internet engatinhava, as publicações impressas ainda eram o grande vetor de divulgação de artistas africanos, sul-americanos, asiáticos. Boa parte foi engolida pela popularização de *blogs* e *sites* nas décadas seguintes, mas nos anos 1980 e 1990 foram elas que espalharam as boas novas.

Já em 1993, quando CSNZ e Liminha trabalhavam em *Da lama ao caos*, na revista *The Beat*, uma das principais publicações sobre *world music*, com viés para o reggae, que deixou de circular em 2009, John Lannert, em sua coluna Artists & Music, alertava para o surgimento de uma geração emergente na música do Brasil. Citava nomes ainda desconhecidos para a maioria dos brasileiros, como Skank, Raimundos, Carlinhos Brown, Virna Lisi, De Falla, entre outros: "Enquanto isso no Recife, Chico Science & Nação Zumbi pega fogo via manguebeat, que mescla maracatu e embolada com levadas de rock e rap... Chico Science assegurou os serviços do bastante requisitado produtor Liminha".

Enquanto o grupo mal saído do Recife viajava pela Europa e EUA com a turnê From Mud to Chaos, no Brasil o rádio mostrava-se arredio à música dos mangueboys, e não apenas de CSNZ ou Mundo Livre S/A, as bandas mais destacadas da cena. O rádio ignorava o manguebeat. A TV Jornal (que retransmite a programação do SBT) fez um especial sobre o movimento e um programa *O canto do mar*, que teve três edições, apresentadas pelo jornalista Marcelo Pereira. O novo geralmente causa estranheza. E a música de *Da lama ao caos* não tinha parâmetro na MPB ou no rock brasileiro. Não era nem uma coisa, nem outra, mas uma revigorante mistura de ritmos locais com rock, rap, funk, afrobeat (que na época não estava na moda por aqui), psicodelia e por aí afora, difícil de ser apreendida tocando eventualmente no rádio. Sem esquecer a mentalidade tacanha que predominava no meio radiofônico.

Em São Paulo, lembra Paulo André, as emissoras que tocavam rock, a exemplo da 89 FM, alegaram aos divulgadores da Sony Music que não tocariam *Da lama ao caos* porque sua música era muito regional, não era rock. Por sua vez, as que dirigiam a programação aos nordestinos que moravam em São Paulo achavam que CSNZ era roqueira demais para seus ouvintes.

O desinteresse das rádios, principal veículo de divulgação de discos, até mais do que a TV, contribuiu para que *Da lama ao caos* vendesse pouco, 10 mil LPs e CDs. Praticamente nada numa época em que os artistas mais populares alcançavam 1 milhão de exemplares, entre LPs e CDs (os dois formatos ainda dividiam o mercado), como o pagode do SPC, que naquela época chegou a propalados 3 milhões em vendagem. Paulo André vendia o grupo para o exterior fazendo trabalho de formiguinha. Quando enviava CDs para produções de festivais, anexava cópias de matérias publicadas fora do Brasil, e entre elas não havia apenas publicações especializadas em *world music*, mas até a *Billboard*. Para conversar com produtores no Brasil ou exterior valia-se do telefone (fixo) da casa da mãe dele, que um dia, conferindo as contas, passou o cadeado no aparelho. Se naquela época ter telefone fixo em casa ainda era luxo para poucos, celular, nem pensar. A internet estava engatinhando, mas com o jeitinho brasileiro o empresário conseguiu levar CSNZ e *Da lama ao caos* para o mundo.

Porém, a boa aceitação do disco no exterior não era ainda o que a Sony Music pretendia para o grupo, até porque outros artistas abrigados no selo Chaos corresponderam comercialmente: Skank e Gabriel O Pensador bateram forte nas paradas. A banda teve quase dois anos para trabalhar e divulgar o primeiro álbum, quebrando uma regra da indústria. De 1994 a 1996, viajaram pelo Brasil e exterior com o repertório de um disco que não tocou no rádio (embora tenha chegado às paradas de *world music* em países europeus). A Sony Music não exigiu de imediato o segundo álbum. Eles simplesmente não sabiam o que fazer com CSNZ. A banda não vendia bem, mas tinha público nos shows e respaldo crítico. E as gravadoras continuavam apostando no potencial comercial das bandas do Recife. No Abril Pro Rock de 1996, o último de Chico Science, que fez uma dobradinha com Gilberto Gil na música "Macô", o Circo Maluco Beleza recebeu olheiros das principais gravadoras do país: Sony Music, Warner, BMG/Ariola, EMI/Odeon e Polygram.

Então veio o segundo álbum, *Afrociberdelia*, menos hermético, mais pop, mais arejado, com foto da banda na capa. Foi mais elogiado que o primeiro, não porque a crítica tivesse assimilado o som da banda, mas porque CSNZ tornou o som mais acessível. Eduardo BiD foi convidado para produzir o disco junto com a Nação Zumbi, muito mais pela amizade com Science do que por experiência no ofício. É um ótimo disco, cuja música também foi devidamente testada nos palcos.

Science tinha a liberdade criativa como norma estética. Daí sua reação contra o pedido do diretor da Sony Music para acrescentar "Maracatu atômico" (de Jorge Mautner) em *Afrociberdelia*. A única música não assinada por Science ou membros da banda que deveria entrar no disco seria "Criança de domingo", do grupo paulista Funziona Senza Vapore.

Não era intenção dele gravar a música que, originalmente, tem muito pouco a ver com o maracatu, seja do baque solto ou virado. Sua entrada no álbum *Afrociberdelia* foi uma imposição da gravadora, leia-se Jorge Davidson, que apostava num *hit* para o disco. Chico e a banda se recusavam a gravar, mas acabaram se dobrando, afinal eram contratados da empresa. E Davidson estava correto. "Maracatu atômico" é a faixa mais bem-sucedida de *Afrociberdelia*, com uma interpretação que supera a do autor, e obrigatória no repertório de CSNZ.

Jorge Davidson contou que teve de usar seu poder tanto de executivo da Sony Music quanto de persuasão para convencer Science a aceitar a sugestão para gravar a música. Ou seja, não foi exatamente uma homenagem, mas uma imposição. O que Science detestou, a ponto de chegar à casa de sua irmã Goretti chorando, foram os três remixes incluídos no álbum como faixas extras sem a autorização da banda. Em entrevista ao autor deste livro, na época do lançamento de *Afrociberdelia*, Science extravasou sua indignação, embora não atribua a gravação da canção de Mautner a uma ordem:

> A gente já havia pensado em fazer uma versão dela, e decidimos depois que o pessoal da gravadora deu ideia de regravar uma música antiga. Ela tem essa coisa de maracatu no nome e um ar psicodélico na letra, "e tem gotas tão lindas que até dá vontade de comê-las". Foi um desafio fazer essa versão depois da de Gil. Assim resolvemos fazer uma versão mais lenta, misturando o maracatu rural com o de baque virado. O único *sample* nessa faixa é um apito que aparece o tempo inteiro, como um refrão. Fizemos uma versão só, as outras só escutamos com o disco pronto. Ninguém avisou a gente desses remixes, achei falta de respeito, nem considero como parte do trabalho.

Mesmo assim Science, naquela mesma entrevista, confessou que *Afrociberdelia* era o disco que *Da lama ao caos* poderia ter sido.

# FICHA TÉCNICA DO DISCO

**Chico Science & Nação Zumbi**

Alexandre Dengue - contrabaixo
Canhoto - caixa
Chico Science - voz e *samples* em "Lixo do mangue"
Gilmar Bola Oito - alfaia
Gira - alfaia
Jorge du Peixe - alfaia e tonel em "A cidade"
Lúcio Maia - guitarras
Toca Ogan - percussão e efeitos

## CD

| # | Título | Autores | Duração |
|---|---|---|---|
| 1. | Monólogo ao pé do ouvido | | 1:07 |
| 2. | Banditismo por uma questão de classe | | 3:59 |
| 3. | Rios, pontes & overdrives | Chico Science, Fred Zero Quatro | 4:03 |
| 4. | A cidade [música incidental: Boa noite do Velho Faceta (Amor de criança)] | | 4:46 |
| 5. | A praieira | | 3:36 |
| 6. | Samba makossa | | 3:03 |
| 7. | Da lama ao caos | | 4:31 |
| 8. | Maracatu de tiro certeiro | Chico Science, Jorge du Peixe | 4:11 |
| 9. | Salustiano Song [instrumental] | Chico Science, Lúcio Maia | 1:28 |
| 10. | Antene-se | | 3:35 |
| 11. | Risoflora | | 4:08 |
| 12. | Lixo do mangue [instrumental] | Lúcio Maia | 1:45 |
| 13. | Computadores fazem arte | Fred Zero Quatro | 3:13 |
| 14. | Coco dub (Afrociberdelia) [instrumental] | | 6:45 |

## LP

### Lado A

| # | Título | Autores | Duração |
|---|---|---|---|
| 1. | Monólogo ao pé do ouvido [vinheta] / Banditismo por uma questão de classe | | 5:06 |
| 2. | Rios, pontes & overdrives | Chico Science, Fred Zero Quatro | 4:03 |
| 3. | A cidade [música incidental: Boa noite do Velho Faceta (Amor de criança)] | | 4:46 |
| 4. | A praieira | | 3:36 |
| 5. | Samba makossa | | 3:03 |

### Lado B

| # | Título | Autores | Duração |
|---|---|---|---|
| 1. | Da lama ao caos | | 4:31 |
| 2. | Maracatu de tiro certeiro | Chico Science, Jorge du Peixe | 4:11 |
| 3. | Salustiano Song [instrumental] | Chico Science, Lúcio Maia | 1:28 |
| 4. | Antene-se | | 3:35 |
| 5. | Risoflora | | 4:08 |
| 6. | Lixo do mangue [instrumental] | Lúcio Maia | 1:45 |

Todas as composições são de autoria de Chico Science, com exceção de "Lixo do mangue", de Lúcio Maia. São citados os nomes dos autores apenas nas músicas assinadas em parceria.

**Participações especiais:**
André Jungmann - berimbau em "Maracatu de tiro certeiro"
Chico Neves - *samples* em "Rios, pontes & overdrives", "A cidade", "Samba makossa", "Antene-se" e "Coco dub (Afrociberdelia)"
Liminha - grito em "Lixo do mangue"

Liminha - produtor, engenheiro de gravação, mixagem
Guilherme Calicchio - engenheiro de gravação
Vitor Farias - engenheiro de gravação, mixagem
Renato Muñoz - assistente de estúdio
Ricardo Garcia - assessoria técnica
Alberto Fernandes - assessoria técnica
Steve Hall - masterização
Eddy Schreyer - masterização

Gravado e mixado no estúdio Nas Nuvens, Rio de Janeiro
Masterizado na Future Disc, Oregon (EUA)

Dolores & Morales - projeto gráfico
Fred Jordão - fotos
Cláudio Almeida - edição de imagens/textos, arte-final
Luciana K - arte-final
Hélder Aragão - ilustrações, arte-final
Hilton Lacerda - texto HQ, arte-final
Estado da Arte - colaboração
João Belian - colaboração

## SOBRE O AUTOR

José Teles é jornalista, crítico de música e cronista do *Jornal do Commercio*, do Recife, desde 1980. Na imprensa, colaborou ainda com vários jornais e revistas, entre eles *O Pasquim*, *Caros Amigos*, *International Magazine*, *Bizz*, *General* e *Continente*. É autor de livros como *Do frevo ao manguebeat* (Editora 34, 2000), *O frevo rumo à modernidade* (2008, prêmio de ensaio nos 100 Anos do Frevo, pela prefeitura do Recife); e as biografias *O malungo Chico* (sobre Chico Science, 2004), *Um menino chamado Lua* (sobre Luiz Gonzaga, 2012) e *Claudionor Germano: a voz do frevo* (2015), todas publicadas pela pernambucana Editora Bagaço.

Este livro também está disponível em formato ePub.
Saiba mais no site das Edições Sesc: <http://bit.ly/lamacaos>.

| | |
|---:|:---|
| *Fonte* | *Sabon LT 10,5/12,5 pt* |
| | *Fakt 14/20 pt* |
| *Papel* | *Pólen Bold 90 g/m²* |
| *Impressão* | *Colorsystem* |
| *Data* | *Dezembro 2023* |

**MISTO**
Papel | Apoiando o manejo florestal responsável
FSC® C084825